ECOLE ST. JOSEPH
WENDOVER, ONTARIO

D1243507

Les animaux
notre avenir

Roger Few

Consultant
Dr Phil Whitfield

Traduit de l'anglais par
Jean-Philippe Riby

HURTUBISE

HMH

Direction artistique Marcus James
Direction éditoriale Fran Jones
Édition Sue Grabham
Production artistique Julia Harris
Recherche iconographique Samantha Nunn, Amanda Russell
Fabrication Kate Oliver et Chris Avgherinos
Conception PAO Nomazwe Madonko

Réalisation de l'édition française Agence Juliette Blanchot
Traduction Jean-Philippe Riby
Maquette Béatrice Lereclus

Édition originale publiée en Grande-Bretagne par Dorling Kindersley Limited
9 Henrietta Street, Londres WC2E 8PS

Dépôt légal : B.N. Québec 2e trimestre 2001
B.N. Canada 2e trimestre 2001

ISBN 2-89428-496-9
Éditions Hurtubise HMH ltée
1815, avenue De Lorimier
Montréal (Québec) Canada H2K 3W6
Téléphone: (514) 523-1523 / Télécopieur: (514) 523-9969
www.hurtubisehmh.com

Photogravure : Colourscan, Singapour
Impression et façonnage : L.E.G.O. Italie

Sommaire

Introduction 8

Habitats en péril 10

Nulle part où vivre 12

Eaux troubles 14

Une journée avec un responsable des zones humides 16

La microvie 18

Les forêts 20

Les dangers de la pollution 22

Une journée avec un vétérinaire d'animaux sauvages 24

L'impact du climat 26

Nouvelles menaces 28

Chasse et trafic 30

Tristes butins 32

La surpêche 34

À vendre ! 36

Une journée avec un
inspecteur des douanes 38

Les trafics 40

La chasse de loisir 42

Sauvés ! 44

Contrôles et recherches 46

Une journée avec une
spécialiste des koalas 48

Libres et sauvages 50

Parcs et réserves 52

Une journée avec un
conservateur d'animaux rares 54

Zoo, pour ou contre ? 56

Des adresses pour agir 58

Index 60

Remerciements et crédits photographiques 60

Introduction

Nous ne sommes pas seuls sur notre planète. Tout autour de nous, sur terre et dans les océans, vivent des animaux de toutes formes et de toutes tailles, qui rampent, courent, nagent ou volent. Chaque groupe forme une espèce : plus nous approfondissons nos connaissances sur la vie sauvage, plus nous découvrons d'espèces animales. Les spécialistes estiment aujourd'hui leur nombre à environ 1,7 million, mais chaque année nous en recensons 13 000 de plus. Si les mammifères et les oiseaux sont certainement tous connus, en revanche, il reste encore à identifier une multitude de petites créatures parmi les insectes, les araignées, les coquillages et les vers.

Quand ils se nourrissent, se reproduisent, se déplacent ou se reposent, les animaux sont dépendants les uns des autres ainsi que de leur environnement. Ces liens réciproques ont façonné la vie sauvage, dont l'équilibre est aujourd'hui menacé : en défrichant la forêt et en s'appropriant leurs habitats, l'homme oblige les animaux à abandonner leurs lieux de vie ; les chasseurs et les trappeurs, quant à eux, exterminent de nombreuses espèces. De fait, chaque année, certains animaux se font de plus en rares, voire disparaissent. Depuis l'apparition de la vie sur Terre, il est dans l'ordre des choses que certaines espèces voient le jour et que d'autres

s'éteignent, comme ce fut le cas des dinosaures. Mais, si nous n'y prenons pas garde, le taux d'extinction des espèces pourrait, à l'avenir, être 10 000 fois supérieur à la normale.

«Un quart des espèces pourraient disparaître d'ici 20 ans.»

THOMAS LOVEJOY, CONSEILLER EN BIODIVERSITÉ À LA BANQUE MONDIALE, 2000

La sauvegarde des animaux n'est pas simple. Heureusement, de nombreuses organisations travaillent sans relâche pour trouver des solutions. En connaissant mieux les besoins des animaux et en les respectant, nous contribuons, certes, à préserver la vie sauvage, mais ce n'est pas suffisant. De leur côté, les experts ne sont pas toujours d'accord entre eux, notamment sur la façon d'aborder certains problèmes cruciaux comme la déforestation tropicale et les safaris. Cet ouvrage fait le point sur ces questions et en présente les enjeux avec clarté.

C'est à chacun d'agir ! Dans ce livre, des actions et des attitudes t'invitent à jouer, toi aussi, un rôle actif. Tu y découvriras également des expériences à réaliser. Les chapitres « Une journée avec » décrivent le travail de spécialistes de différents domaines. Des lettres du monde entier témoignent de l'intérêt des jeunes pour l'environnement. En agissant maintenant, nous pouvons, tous, contribuer à sauvegarder les animaux.

HABITATS
EN PÉRIL

L'HABITAT DÉFINIT L'ENDROIT OÙ UN ANIMAL TROUVE SA NOURRITURE, DE L'EAU ET UN ABRI. OR, PARTOUT DANS LE MONDE, CES MILIEUX SONT SOUMIS aux activités humaines qui modifient le paysage, polluent l'air et l'eau et perturbent l'équilibre entre les êtres vivants. Les animaux souffrent quand leur environnement change. En protégeant leurs habitats, nous pouvons préserver la vie des animaux.

Les animaux s'adaptent à un milieu donné. Les éléphants et les impalas (ci-dessus) ainsi que les zèbres et les girafes prospèrent dans les prairies africaines. Un changement dans leur habitat peut les mettre en danger : si un feu naturel se déclare dans la savane sud-américaine où vit le tamanoir (à droite), la végétation repoussera lentement ; mais si c'est l'homme qui met le feu pour défricher un coin de terre et le cultiver, l'habitat de ce grand fourmilier est perdu à tout jamais.

"... Les habitats des animaux ont été si gravement endommagés qu'il est peu probable que les générations futures puissent s'adapter et survivre."

FONDS POUR L'ENVIRONNEMENT MONDIAL

Les oiseaux meurent parfois en se prenant dans les lignes électriques ou en se cognant aux vitres.

> " ...Le quart des espèces de mammifères dans le monde risque de disparaître. "

KLAUS TÖPFER, PROGRAMME DES NATIONS UNIES POUR L'ENVIRONNEMENT, 1999

NULLE PART
où vivre

Dangers urbains

Certaines espèces trouvent leur bonheur dans les zones urbaines. C'est le cas des chouettes effraies qui chassent au bord des routes inconscientes des dangers qu'elles encourent : 3 000 d'entre elles sont tuées chaque année par les voitures, les engins agricoles... Le monde moderne apporte avec lui son lot de dangers pour les animaux.

Pour les animaux sauvages, la vie est une lutte permanente. Il leur faut trouver à se nourrir, s'abriter et se reproduire dans un monde où les milieux naturels sont bouleversés à un rythme de plus en plus rapide : les arbres sont coupés, les berges bétonnées, des immeubles s'élèvent partout, des plantations et des carrières réduisent les habitats qui disparaissent au profit des villes, des fermes, des routes et des usines. Conséquences : la population animale diminue, et certaines espèces sont même en voie de disparition. Heureusement, des zones ont été spécialement aménagées en vue de les protéger. Enfin un pas dans la bonne direction !

L'ours noir d'Amérique cherche dorénavant sa nourriture dans les décharges situées à l'orée de son habitat forestier.

Une forêt d'ordures

Comme il a de plus en plus de mal à satisfaire son appétit, l'ours noir d'Amérique, ou baribal, fouille les endroits les plus invraisemblables. L'homme prend possession de territoires que seuls les animaux sauvages habitaient autrefois. Ceux-ci s'adaptent si les changements ne sont pas trop profonds, mais comment survivre quand les routes et les habitations sont partout ?

C'est en **sachant** comment nos actions **nuisent** à l'environnement que nous **préserverons** notre **avenir**

Au sommet de la chaîne alimentaire se trouvent les grands carnivores. Ils ont besoin d'un vaste espace de chasse.

Même les **prédateurs** partagent leur **habitat** avec d'autres animaux. Ils **dépendent** chacun **à leur façon** les uns des autres

TOI AUSSI
AIDE LES ANIMAUX

Construis un petit abri et fixe-le dans un endroit sûr du jardin, arbre ou mur : les oiseaux y élèveront leurs petits.

Quand tu te promènes dans la nature, ne cueille jamais de fleurs et n'emporte rien. Tu pourrais détruire l'habitat d'un animal.

Proies et prédateurs

Les fermes et les ranches africains empiètent sur le territoire de chasse du lycaon. Le gibier se faisant plus rare, le lycaon, comme tout animal sauvage en manque de proies, s'attaque au bétail, ce qui entraîne des conflits avec les fermiers ; il n'est pas rare qu'un lycaon se fasse tuer.

Les plantes sauvages des berges offrent nourriture et abri.

Dernier refuge

Ce serpent australien, l'*Hoplocephalus bungaroides*, de la famille des élapidés, fait partie des nombreuses espèces que la disparition de leur habitat met en péril. Son dernier refuge, quelques pierres sous lesquelles il s'abrite, est menacé par les gens qui décorent leurs jardins avec ces mêmes pierres.

Cet élapidé ne vit plus que dans une petite partie du sud-est de l'Australie.

Partager l'espace

En milieu urbain, il est tout à fait possible d'aider les animaux sauvages à vivre. Une mare creusée dans un jardin constitue par exemple un véritable havre de paix pour les animaux d'eau douce (grenouilles, salamandres, dytiques et libellules). Là, les animaux pourront se reproduire, à l'image des grenouilles qui reviendront chaque année s'accoupler et frayer.

Idées simples et utiles

Le balbuzard, ou aigle pêcheur, niche à la cime de vieux arbres dénudés, au bord des rivières. De hauts poteaux équipés d'une plate-forme peuvent les remplacer s'ils sont abattus. De même, il est également possible d'alimenter temporairement cet aigle. De telles actions les aident à vivre quand leur habitat est perturbé.

70 % de la surface de la Terre

EAUX

Inondation !

Comme beaucoup de barrages dans le monde, celui de Balbina, au Brésil, a causé l'inondation de vastes terres situées en amont. Construit pour produire de l'électricité, ce barrage a submergé une vaste étendue de la forêt amazonienne.

Les zones humides et les cours d'eau comptent parmi les habitats naturels les plus vulnérables. Les besoins humains et ceux des animaux n'y font pa bon ménage. Malheureusement pour la vi sauvage, les vallées, les côtes et les plaine sont des lieux très prisés par l'homme. Celui-ci aménage les cours d'eau en vue de produire de l'énergie, de contrôler leurs débits et de les rendre navigables sans tenir compte de la faune locale. Ou encore, il assèche les marais, les mares et les trous d'eau pour gagner des terres constructibles sans penser qu'en agissant ainsi, le refuge de nombreuses espèces es voué à disparaître.

Le 2 février, **journée mondiale des zones humides**, une collecte est effectuée pour **protéger** les **cours d'eau** et les **lacs**

Les victimes de l'inondatio

Les eaux retenues par un barrage détruisent le berges de l'ancien cours d'eau, se déversent da la vallée et finissent par former un lac artificie C'est tout un paysage qui est alors inondé en permanence. Les habitats sont engloutis, et pe d'animaux parviennent à en réchapper.

Ara macao
La construction d'un nouveau barrage au Belize inonderait les derniers sites de reproduction de l'ara macao.

Sauvetage animalier
Les efforts entrepris pour sauver de la noyade les animaux piégés par les eaux ne profitent qu'à une infime partie d'entre eux.

st recouverte par les eaux

TROUBLES

Esturgeon contrarié

L'esturgeon commun ne peut plus remonter les cours d'eau et gagner les lieux où il se reproduit en raison des barrages édifiés sur la plupart des euves européens. Un barrage contrarie ussi la faune aquatique vivant en aval ar, en modifiant le niveau et la qualité des eaux, il nuit aux divers habitats.

Vivre dans le marais

Sous les tropiques, les mangroves constituent des marécages parfaitement adaptés à certaines espèces, comme ce gobie, un poisson capable de respirer hors de l'eau. Elles offrent également des sites de nidification sûrs pour les oiseaux marins. Mais elles sont peu à peu remplacées par des élevages de crevettes.

s couleurs vives de ce
pillon lui servent à
ayer ses prédateurs
à leur signifier
il ne sera
s à leur
ût.

Zones asséchées

Les animaux des zones humides, comme le cuivré des marais, un grand papillon d'Europe, ne savent plus où vivre car la plupart des marais d'eau douce européens ont été asséchés pour augmenter la surface des terres agricoles et constructibles.

TOI AUSSI
AGIS !

Rejoins une association locale de protection de l'environnement qui nettoie les cours d'eau et les zones humides.

Dessine une affiche pour sensibiliser les gens à l'importance des cours d'eau et des lacs, et demande si tu peux l'exposer à la bibliothèque locale.

La patience d'eau, à la base du régime alimentaire de la chenille du cuivré des marais, prospère dans les terrains marécageux.

Échelles pour poissons

Parfois, comme au barrage de Bonneville dans le ord-est des États-Unis, des « échelles pour poissons » t prévues. Ainsi, certains poissons, comme le saumon, peuvent remonter de palier en palier un cours d'eau et atteindre en amont l'endroit où ils fraieront.

Plus de la moitié des vertébrés d'eau douce au monde sont en péril

MICHAEL MITCHELL, RESPONSABLE DES ZONES HUMIDES AU SERVICE AMÉRICAIN DES POISSONS ET DE LA VIE SAUVAGE, A RÉALISÉ SON VIEUX RÊVE : SAUVEGARDER LES HABITATS DES ANIMAUX sauvages. Chaque jour, il réfléchit aux moyens d'améliorer la vie des animaux du Refuge national de la côte orientale de Virginie, de vastes prairies marécageuses situées sur la côte est des États-Unis.

MICHAEL MITCHELL
RESPONSABLE
DES ZONES HUMIDES

Une journée avec un

RESPONSABLE DES ZONES HUMIDES

Michael s'attache à protéger la vie des animaux sauvages dans leur milieu naturel. Les informations qu'il recueille aident les défenseurs de l'environnement du monde entier.

Aujourd'hui, Michael va voir les nombreux animaux du Refuge national : certains y vivent tout le temps, d'autres ne font qu'y passer.

Un faucon en colère
Le faucon pèlerin a pour habitude de mordre mais Michael ne porte pas de gants, de peur de le blesser.

8h00 Nous sommes en novembre, mois pendant lequel les faucons migrent vers le sud. Ce matin nous allons les baguer, ce qui nous permettra de suivre leurs trajets sur nos écrans de contrôle. D'abord, nous tendons des filets et y enfermons un pigeon, leurre tentant pour les faucons qui verront là un repas facile. Dès que l'un d'eux s'accroche au filet, je m'empresse de le baguer avant de le laisser poursuivre sa route. Si une autre station de baguage le capture ou si sa bague est retrouvée, les informations inscrites permettront de l'identifier et de mieux comprendre la migration.

9h00 Je pars m'occuper des bécasses des bois. Pour les aider à passer l'hiver, je crée des zones herbeuses où elles pourront trouver des vers de terre. Pour cela, je rase les fourrés avec une énorme faucheuse. La bécasse des bois est un drôle d'oiseau, au corps arrondi, avec des pattes minces et un long bec fin. Elle a la curieuse habitude de se balancer d'avant en arrière,

De puissants projecteurs permettent à Michael de travailler de nuit.

Ce filet sert à attraper oiseaux sans les blesser

Tout-terrain
Grâce à son véhicule, Michael peut emporter son matériel dans n'importe quel endroit du Refuge.

sans doute pour mieux sonder le sol de ses pattes sensibles et déterrer les vers. Cette nuit, éclairés par le véhicule tout-terrain et équipés de filets, nous attraperons les oiseaux attirés par cette nouvelle zone herbeuse. Ils seront pesés, mesurés et bagués. Une grande partie de mon temps est consacrée à l'observation et au suivi des animaux du Refuge.

11h00 Le cerf à queue blanche est un animal magnifique. Le côté le plus déplaisant de mon travail consiste à organiser des chasses pour réduire le nombre de cervidés sur le Refuge. C'est une nécessité car les cerfs se reproduisent si rapidement qu'il se retrouvent en surpopulation, amenant maladies et famine.

Milieux humides vitaux
Les zones marécageuses surveillées par Michael et son équipe abritent une grande variété d'animaux et assainissent les cours d'eau qui les traversent.

Baie de
Chesapeake

Washington D.C.

VIRGINIE

Refuge
national
de la vie
sauvage

CAROLINE DU NORD

CAROLINE
DU SUD

OCÉAN
ATLANTIQUE

Animaux marins
Michael doit également soigner et protéger les animaux qui vivent sur la côte jouxtant le Refuge.

Un chasseur rapporte deux mâles : je les pèse et j'évalue leur âge grâce au nombre et à l'état de leurs dents. Je vérifie aussi qu'ils n'ont pas de maladie. La chasse nous aide ainsi à gérer au mieux le Refuge en procédant à l'inspection des animaux, et évite qu'un problème se déclare dans la arde. Je fournis ensuite un ertificat aux chasseurs spécifiant que la prise était légale.

14 h 00 Un plaisancier lance un appel de détresse pour nous avertir qu'un caret, une tortue caouane, nage avec ifficulté. Vite, je jette un filet t une couverture dans le tout-terrain et j'appelle le VIMS, Institut virginien des mers, our leur demander de l'aide.

Sur place, avec le plaisancier, nous capturons en douceur la tortue invalide et la tirons sur la plage. Je pense qu'elle souffre d'un refroidissement, un phénomène courant à cette époque de l'année. Nous enroulons la tortue dans une couverture et l'installons au chaud dans le tout-terrain en attendant l'arrivée des volontaires du VIMS. Ces derniers la transporteront au terrarium le plus proche, où ils la nourriront, la soigneront et la garderont quelques semaines jusqu'à ce qu'elle soit rétablie. Ils la relâcheront alors dans les eaux chaudes de la Caroline du Sud. Les besoins d'une tortue paralysée par un refroidissement se résument à deux mots : chaleur et soins.

16 h 00 Le spécialiste des papillons, Mark Garland, et moi-même embarquons pour l'île Fishermann, une réserve de 800 hectares. Nous allons vérifier si des monarques s'y reposent lors de leur migration

" En automne, des milliers d'oiseaux migrateurs emplissent le ciel du Refuge. "

vers le sud. Mais nous avons beau fouiller l'île, nous ne trouvons aucun papillon. Alors que nous nous apprêtons à rentrer, nous apercevons un arbre bien étrange. Il est tout orange. En fait, il est couvert de milliers de papillons. Tous les monarques de l'île se sont regroupés sur lui (peut-être est-ce le seul endroit protégé de l'île...), formant un énorme amas. Nous plaçons une étiquette de papier sur l'aile d'une vingtaine d'entre eux pour les identifier, puis nous les laissons se reposer, car ils doivent voler encore jusqu'au centre du Mexique. Si d'autres spécialistes trouvent les étiquettes, ils sauront que les papillons ont passé une bonne nuit, à la faveur de notre arbre.

Monarques en bande
Les monarques sont des papillons migrateurs qui se regroupent au repos pour se tenir chaud.

Ce sont de tels détails qui nous permettent d'étudier la migration des papillons. Il ne me reste plus qu'à mettre tout cela par écrit afin que mes notes servent plus tard à d'autres.

Sauver les tortues
Les tortues de mer, comme cette grande tortue caouane, sont en danger. Partout dans le monde, on se mobilise pour leur sauvegarde.

" Le nombre d'insectes sur notre planète n'a jamais été aussi faible qu'aujourd'hui. "

GORDON RAMEL, ENTOMOLOGISTE, 1998

La microvie

La vie sur Terre est dominée par de minuscules créatures animales.

Tout autour de nous pullulent des insectes, des araignées, des vers, mais également toute une faune microscopique invisible à l'œil nu. À eux seuls les insectes représentent environ 65 % de toutes les espèces animales identifiées. Comme tous les êtres vivants, leur vie dépend d'un habitat sûr et adapté. Les perturbations engendrées par l'homme sur la planète menacent autant cette « microvie » que les animaux plus gros. En effet, ces petites bêtes maintiennent la vie sur Terre en assurant la pollinisation des plantes, en décomposant les déchets et en nourrissant des animaux plus gros. De leur survie dépend notre existence.

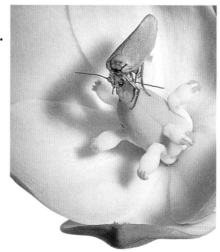

De nombreuses **plantes** à la base de notre **alimentation** sont **pollinisées** par les **insectes**

Souche de châtaignier coupé depuis peu.

TOI AUSSI
AIDE LES INSECTES

Fais pousser dans ton jardin ou sur ton balcon les plantes dont se nourrissent les chenilles pour attirer les papillons.

Rassemble tous les déchets organiques dans un coin du jardin et fais un tas de compost. Il abritera de nombreuses petites bêtes.

Entente cordiale

Le yucca ne pourrait vivre sans un papillon de nuit qui assure la fécondation de la plante par pollinisation. C'est en transportant le pollen d'une fleur de yucca à une autre que le papillon permet à celui-ci de se reproduire. D'autres insectes sont également pollinisateurs, comme l'abeille qui, en butinant, éparpille des grains de pollen.

Espèces menacées

La dolomède et le bousier africain sont victimes de la perte de leur habitat. Certains vers de terre et fourmis sont aussi en péril. Les spécialistes de la microvie pensent que des espèces disparaissent avant même d'être découvertes.

La dolomède
Le drainage et la disparition des zones humides représentent une menace pour cette grosse araignée du nord de l'Europe qui apprécie tant l'eau.

Le bousier africain
La raréfaction du bison sauvage d'Afrique du Sud entraîne la disparition de ce coléoptère, grand consommateur de ses bouses.

90 % de la matière **végétale** est **décomposée** et **recyclée** par les **vers de terre** et autres **détritivores**

Sensible au changement

Un taillis est une forêt d'arbres poussant non pas du sol mais des souches. Les arbres, régulièrement coupés, sont de petite taille et forment des troncs parfaits pour l'industrie du bois ainsi que pour toute une microvie. Mais il y a de moins en moins de taillis, et de nombreux animaux en souffrent, notamment le nacré, un papillon.

Libellule empereur
Les berges des étangs, lieux de reproduction de cette libellule, ne sont plus aussi répandues qu'autrefois.

Les projets de préservation

La plupart des projets des organisations de défense de l'environnement oublient la microvie. Dans le sud-ouest de la Grande-Bretagne toutefois, un organisme d'État, la RSPB (Société royale de protection des oiseaux), s'applique à protéger les plans d'eau, habitat naturel de la libellule empereur, et a même créé des zones humides artificielles.

ÉTUDIER DES VERS DE TERRE

EXPÉRIENCE

Il te faut : 1 récipient en verre, des gants de protection, du terreau, du sable, des feuilles fraîches, de l'eau, des vers de terre, du papier et du ruban adhésif.

1 **REMPLIS LE RÉCIPIENT** d'une couche de terreau et d'une couche de sable en alternant. Recouvre avec les feuilles coupées en morceaux et arrose légèrement.

2 **METS QUELQUES VERS** de terre dans le récipient, couvre le tout de papier en le fixant avec le ruban adhésif, et perce quelques trous. Range le récipient dans un endroit frais et sombre.

Observe à travers le verre, les galeries creusées par les vers de terre.

3 **VÉRIFIE CHAQUE JOUR** le récipient : assure-toi que la terre reste humide. Au bout de quelques jours, le terreau et le sable ont été mélangés et les feuilles tirées dans la terre.

Conclusion : en creusant des galeries, les vers de terre permettent à l'air de circuler et aux matières végétales de se mélanger. Leur action est vitale à la fertilisation du sol et donc à la croissance des plantes. N'oublie pas de remettre les vers de terre dans le jardin après l'expérience.

LES FORÊTS

40 % des espèces **animales** et **végétales** de la **planète** vivent dans les **forêts tropicales**

De la cime des arbre au sous-bois jonché de feuilles, les forêts hébergent un nombre impressionnant d'animaux et de micro-organismes. Les arbres assurent l'existence de nombreuses espèces auxquelles ils fournissent le gîte et le couvert. Mais les forêts sont en diminution constante. Les arbres sont abattus et débités pour servir de bois de construction ou de chauffage et exportés dans le monde entier ; les terres sont brûlées et défrichées au profit de l'agriculture. Pourtant, on pourrait exploiter les forêts tout en limitant les impacts nocifs de la déforestation et en favorisant le reboisement.

Destruction inexorable

Tous les ans, des fermiers en quête de terres à cultiver brûlent de vastes étendues de forêts tropicales (ici en Amérique du Sud). La plupart sont pauvres et ne subsistent que grâce à leurs cultures. Toutefois la destruction inexorable de ces forêts est préoccupante, car les animaux qui y vivent ne peuvent, dans leur grande majorité, s'adapter à un autre milieu.

En hauteur, l'écureuil
L'écureuil roux niche à la cime des arbres. Il fait son nid avec des brindilles et des branches.

Habitat à étages

À la manière des citadins qui habitent dans des immeubles, les animaux de la forêt occupent les différents étages des arbres. Certains, comme l'écureuil roux, s'établissent à la cime, d'autres préfèrent l'ombre des branches inférieures, d'autres encore les racines.

Sous terre, le blaireau
Le blaireau vit dans un terrier qu'il creuse entre les racines des arbres.

❝ Je vis à St Asaph, près de la forêt de Clocaenog, au pays de Galles. La forêt attire de nombreux visiteurs, et pas seulement des promeneurs du dimanche ! Avec l'école, nous l'avons étudiée et découvert que beaucoup d'animaux y vivent à l'abri, notamment l'écureuil roux et le tétras-lyre qui se font rares de nos jours en Grande-Bretagne. Des gardes forestiers surveillent la forêt et les animaux. Ils replantent des arbres pour remplacer ceux qui ont été abattus et installent des abris à chauve-souris. Je trouve ça formidable que les animaux vivent en toute tranquillité dans la forêt ! ❞ K. A. Daly

Les arbres, source de vie

La déforestation détruit l'habitat de l'orang-outan et menace d'extinction de nombreuses espèces comme le phalanger de Leadbeater. Tous ces animaux nichent et se reposent dans les arbres. Ils s'en nourrissent aussi : les arbres absorbent les substances nutritives du sous-sol les transformant en feuilles, fleurs qui donneront des fruits… Dans la forêt, c'est toute une faune qui disparaît.

phalanger de Leadbeater
L'habitat de ce petit mammifère australien qui niche dans de grands et vieux arbres est considérablement réduit.

La sylviculture

Après avoir pratiqué une entaille dans l'écorce d'un hévéa, cet homme y place une coupelle pour recueillir la sève, ou latex, qui s'en écoule. Cette plantation brésilienne d'hévéas fournit une source de revenus à la population locale qui vient récolter du caoutchouc, des noix et du miel, tout en préservant la forêt.

Les doigts longs et robustes de l'orang-outan sont parfaitement adaptés à la vie dans les arbres.

La plupart des singes sont en voie de disparition

L'orang-outan
Moins de 30 000 de ces grands singes subsistent encore à l'état sauvage dans les forêts de Bornéo et de Sumatra.

TOI AUSSI
SAUVE LES ARBRES

Renseigne-toi pour connaître les associations proches de chez toi qui nettoient les forêts.

Ne gaspille pas le papier : écris ou dessine sur les deux côtés.

Jette les revues et journaux dans les conteneurs à papier.

L'orang-outan se déplace maladroitement sur le sol. C'est le seul grand singe qui vit en permanence dans les arbres.

Les dangers de la POLLUTION

Jour après jour, des gaz toxiques s'élèvent dans l'air que nous respirons, des substances chimiques sont déversées dans les cours d'eau et de nouvelles décharges polluent nos campagnes. La Terre est contaminée de toutes parts. Souvent invisible, la pollution cause autant de dégâts qu'un feu ou un bulldozer. Elle affaiblit les animaux en empoisonnant leurs sources alimentaires. Parfois même, les substances toxiques s'accumulent dans leur corps, allant jusqu'à les tuer. Pour les espèces qui souffrent déjà de la destruction de leurs habitats, la pollution a des effets dévastateurs. Heureusement, il existe aujourd'hui des alternatives aux pesticides chimiques et aux sources d'énergie polluantes.

Dégâts mortels

Lors d'une marée noire, comme ici au Texas (États-Unis), le pétrole se déverse sur le rivage et les plages. Avant d'être pompé et ramassé, il aura causé d'énormes dégâts sur la faune et la flore marines. Outre les poissons, de nombreux oiseaux de mer et animaux côtiers mourront englués ou empoisonnés.

Proies empoisonnées

Les prédateurs, comme le pygargue à tête blanche d'Amérique du Nord, sont contaminés à leur tour quand ils avalent une proie empoisonnée. La pollution n'est pas toujours accidentelle : substances chimiques industrielles relâchées dans l'air et les cours d'eau, pesticides agricoles toxiques qui s'infiltrent dans le sol et l'eau… Depuis que le DDT (dichloro-diphényl-trichloréthane) a été interdit en Amérique du Nord, la population des aigles a augmenté.

Coquille trop fragile

Les œufs de cet épervier d'Europe n'ont pu se développer ; la coquille s'est brisée car les parents avaient ingurgité des pesticides. De nos jours, ceux-ci sont souvent fabriqués à base d'extraits végétaux : ils sont alors moins nocifs pour l'environnement que les substances artificielles.

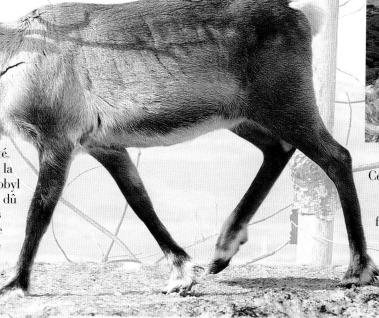

Une alimentation mortelle
Manger des plantes radioactives provoque des malformations de naissance chez les animaux.

Les radiations

En 1986, les pâturages des rennes et du cheptel domestique ont été contaminés par l'accident de la centrale nucléaire de Tchernobyl (Ukraine). En Laponie, on a dû abattre en grand nombre les rennes qui avaient brouté de la mousse irradiée. Une telle pollution radioactive est un accident rarissime, mais ses effets sur la vie animale sont catastrophiques.

Déchets, danger !

Certains lieux pollués sont nettoyés par des volontaires. Cette plage d'Alaska a meilleure allure une fois débarrassée des filets de pêche inutiles, des poids en plomb, des emballages en plastique et des canettes de boisson, déchets capables d'étrangler ou d'empoisonner les animaux sauvages.

Combattre la pollution

Des groupes écologistes font régulièrement campagne contre les diverses pollutions. En 1996, Greenpeace a protesté contre l'immersion de la plate-forme pétrolière de Brent Spar au fond de l'océan qui, à l'évidence, contenait des matériaux nocifs. Leur combat a sensibilisé l'opinion sur le fait qu'il faut se débarrasser proprement des puits de pétrole et de gaz.

DÉCHETS ÉTERNELS

EXPÉRIENCE

Il te faut : 2 pots à confiture, des gants de protection, de la terre humide, 1 fine tranche de pomme, 1 carré de papier d'aluminium, 1 petit bout de sac en plastique, 1 grande feuille de papier.

1 **REMPLIS** à moitié les pots à confiture avec la terre. Place la tranche de pomme dans l'un des pots et le papier d'aluminium avec le sac en plastique dans l'autre. Recouvre de terre, et range dans un endroit chaud.

Les matériaux comme le plastique et l'aluminium mettent des siècles à se dégrader.

2 **AU BOUT D'UNE SEMAINE,** vide le contenu des pots sur la feuille de papier. La pomme commence à flétrir et à se dégrader, mais l'aluminium et le plastique sont intacts.

Conclusion : les minuscules organismes du sol peuvent décomposer les déchets naturels, mais pas le plastique ni l'aluminium qui mettront longtemps à se dégrader, nuisant pendant des générations à la vie sauvage.

ANDREW ROUTH
VÉTÉRINAIRE D'ANIMAUX SAUVAGES

PASSIONNÉ D'ANIMAUX SAUVAGES, ANDREW ROUTH EST CHIRURGIEN VÉTÉRINAIRE DEPUIS PRÈS DE 20 ANS. IL S'OCCUPE MAINTENANT D'ANIMAUX BLESSÉS OU abandonnés et les relâche dans la nature. Contrairement aux animaux domestiques, ceux qui sont sauvages ne connaissent pas la main de l'homme et se révèlent parfois difficiles à soigner.

Une journée avec un
VÉTÉRINAIRE D'ANIMAUX SAUVAGES

Andrew soigne surtout des animaux victimes de mauvais traitements ou d'une alimentation inadaptée.

Un renardeau sous perfusion
Souvent, les animaux sauvages arrivent à l'hôpital en état de choc. Les mettre sous perfusion facilite leur rétablissement.

Aujourd'hui, Andrew travaille à l'hôpital pour animaux sauvages de la Société protectrice des animaux britannique (RSCPA) situé à King's Lynn (Norfolk). Son métier l'entraîne à voyager dans le monde entier, et pas un jour ne se ressemble.

8h30 J'arrive en chirurgie. L'équipe du matin m'informe qu'il n'y a pas eu de problème cette nuit. Il y a pourtant plus de 250 animaux à l'hôpital. Je m'assure que tout va bien dans l'aile des animaux isolés : un renardeau est sous perfusion, un jeune cygne récupère après un atterrissage brutal sur une route, et 12 bébés phoques, trouvés sur la plage, attendent d'être nourris au biberon.

9h15 J'analyse au microscope les crottes d'une jeune loutre. Il s'agit d'un mâle qu'on a trouvé dans un jardin où il pêchait les poissons du bassin. Ce n'est pas là un comportement normal

Microscope

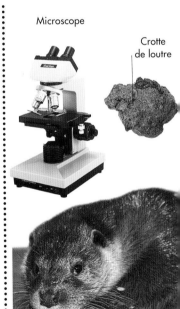

Crotte de loutre

Jeune loutre
La chasse et la destruction de leur habitat menacent les loutres de Grande-Bretagne. Elles sont désormais protégées, et leur nombre est en hausse.

pour une loutre, et le test sanguin a confirmé qu'elle était malade. Ce matin, je ne trouve aucune trace d'œufs de parasite dans ses crottes. Puisqu'elle a fini de prendre ses antibiotiques et que

Palper un animal
Andrew palpe méticuleusement le cygne pour savoir s'il est blessé ou sous-alimenté.

MER DU NORD

GRANDE-BRETAGNE

IRLANDE

King's Lynn
NORFOLK
Cambridge•
Londres•

MANCHE

Une grande diversité d'animaux
La mer du Nord toute proche et de grandes étendues sauvages font du Norfolk une terre d'accueil pour de nombreux animaux.

Chouette hulotte
Pour éviter aux oiseaux sauvages d'être traumatisés par l'examen, nous les anesthésions. L'oiseau respire l'anesthésique à travers un masque et s'endort.

le second test sanguin paraît normal. elle peut rejoindre les autres jeunes loutres avant d'être rendue à la vie sauvage. Étudier des crottes de loutre n'est peut-être pas l'intérêt suprême de mon métier. mais comme les loutres sont devenues rares en Grande-Bretagne, je suis content de pouvoir contribuer à leur préservation.

10h30 Un inspecteur de la RSPCA nous amène un cygne trouvé sur une berge. Nombreux sont ceux qui avalent des plombs tombés des lignes de pêche. Je lui fais passer une radio et mes soupçons se confirment. Une infirmière m'aide à prélever un échantillon de sang. Les cygnes empoisonnés au plomb doivent souvent rester plusieurs semaines à l'hôpital avant d'être relâchés.

12h15 Un particulier arrive avec une chouette hulotte qu'il a découverte sur le bas-côté de la route. Son aile gauche pend. Comme beaucoup de nos patients. elle a été heurtée par une voiture. Aidé de l'infirmière. je lui fais une anesthésie générale. et nous nous apercevons qu'un os de son aile est cassé. Je bande l'oiseau. heureux de savoir qu'il a toutes les chances de guérir.

66 Voir les animaux que j'ai soignés retourner dans la nature me récompense de mon travail. 99

14h00 Avant de relâcher les oiseaux – qui sont gardés en volière – nous les examinons toujours une dernière fois. Certains, comme la chouette hulotte. sont arrivés blessés mais repartent rétablis ou en bonne voie de l'être. La volière permet aux oiseaux de se remettre d'aplomb avant le retour à la vie sauvage. Le plus grand de nos oiseaux est une buse qui est devenue assez robuste pour me blesser si je l'attrape. Le cas du faucon crécerelle m'intéresse particulièrement. Comme tous les oiseaux de proie, il chasse à vue et je dois impérativement examiner ses yeux. Tout va bien. Comme il a été trouvé

non loin de l'hôpital, nous décidons de le relâcher tout de suite. À peine ai-je desserré mon étreinte qu'il part tel un boulet, puis nous le voyons tournoyer dans le ciel au-dessus d'une prairie.

17h00 Un hérisson femelle a été trouvé en plein jour. ce qui n'est pas habituel pour un animal nocturne. Sa respiration est bruyante. Il doit souffrir d'une infection des poumons due à une bactérie. Par ailleurs, il faudrait qu'il double de poids pour pouvoir affronter l'hiver et hiberner. Ça devrait être tout pour aujourd'hui, mais l'hôpital ne ferme jamais et, ce soir. je suis de garde.

Examen attentif
Avant de prendre un hérisson, Andrew met des gants, car l'animal véhicule souvent des puces et des teignes.

23h30 Des membres de l'association locale de protection du blaireau arrivent avec un blaireau blessé. Il a été heurté par une voiture alors qu'il traversait la route. Il est assommé et présente une blessure à la tête, mais rien d'autre. La perfusion semble lui redonner du tonus. Je lui administre des calmants et des antalgiques pour calmer la douleur. puis décide de l'hospitaliser. Le personnel de nuit gardera un œil sur lui. Je sais maintenant qui sera mon premier patient demain matin…

Confortablement installé au chaud, le blaireau récupère.

Routes dangereuses
Les routes sont dangereuses pour les animaux nocturnes comme le blaireau.

"La fonte des glaces polaires menace l'ours blanc."

FONDS MONDIAL POUR LA NATURE (WWF), 1999

L'impact du Climat

Aux sommets

Les sommets frais des montagnes du Cap, en Afrique du Sud, accueillent de rares cerfs-volants ou lucanes, des coléoptères. Si le réchauffement climatique persiste, les animaux des montagnes devront se réfugier plus haut. Mais ces cerfs-volants qui habitent déjà les sommets, où iront-ils ?

TOI AUSSI ÉCONOMISE L'ÉNERGIE

Quand tu quittes une pièce, éteins toujours les lumières.

Utilise plusieurs fois le même sac en plastique, car la fabrication du plastique consomme beaucoup d'énergie.

Utilise des ampoules à faible consommation d'énergie.

Cette oie empereur niche dans le delta du Yukon, en Alaska, l'un des nombreux îlots de la vie sauvage menacés par la montée des eaux.

L'accumulation de gaz polluants dans l'atmosphère modifie lentement les modèles climatiques de notre planète. Ainsi, nous rejetons dans l'air une trop grande quantité de dioxyde de carbone (gaz carbonique) quand nous brûlons des combustibles comme le bois, le charbon ou le pétrole. Ce gaz, mélangé à d'autres, forme comme une épaisse couverture qui enveloppe la Terre, empêchant la chaleur de se disperser dans l'espace : ce phénomène naturel appelé « effet de serre » provoque le réchauffement de la planète. Les animaux sauvages en subissent déjà les effets nocifs.

Refuges menacés

Le réchauffement de la planète menace indirectement les zones humides qui abritent de nombreux oiseaux telle l'oie empereur. Des températures plus élevées entraînent la fonte des calottes glaciaires : alimentées en eau, les mers montent, risquant à terme de submerger les sites de reproduction de millions d'oiseaux.

En hiver, l'ours blanc chasse sur la banquise. Le reste de l'année, il se nourrit très peu. Mais comme la glace fond plus tôt dans la saison, l'ours entame l'été sans avoir stocké assez de graisse pour se maintenir en bonne santé.

Moustique voyageur

…uand il pique, le moustique anophèle peut …ansmettre des maladies dont la malaria. …s cas ont ainsi été signalés dans des pays…usque-là épargnés, car trop froids, mais …ui conviennent désormais à cet insecte.

…xodes

…ur terre aussi bien qu'en mer, … réchauffement climatique …lige certaines espèces à quitter …ur milieu. Pour échapper … la chaleur, certains …nimaux tropicaux migrent vers …s régions plus fraîches. Les …nimaux polaires se rapprochent …ncore plus des pôles. D'autres, …mme le moustique, étendent …ur territoire vers des zones …ujourd'hui plus chaudes.

Limande-sole

En raison du réchauffement des océans, ce poisson a dû migrer vers des eaux plus froides, ce qui pourrait rompre la chaîne alimentaire et entraîner la disparition d'autres espèces.

Certains **gaz piègent** la chaleur dans l'atmosphère : on les appelle **gaz à effet de serre**

UNE FOURRURE TROP CHAUDE

EXPÉRIENCE

Il te faut : 2 pots à confiture identiques avec leur couvercle, du coton hydrophile, du ruban adhésif, de l'eau chaude du robinet.

1 **REMPLIS L'UN DES POTS AVEC DE L'EAU CHAUDE** du robinet. Ferme-le et enveloppe-le dans du coton. Fixe le tout avec du ruban adhésif. (Le coton hydrophile fait office de fourrure.) Remplis de même l'autre pot et pose le couvercle dessus sans fermer.

Pour rendre l'expérience plus colorée, verse un peu de colorant alimentaire dans l'eau.

2 **LAISSE REPOSER** les pots pendant environ 1 heure puis plonges-y un doigt pour sentir la chaleur de l'eau. Dans le pot enveloppé de coton et fermé, l'eau est restée chaude, alors qu'elle a refroidi dans le pot non fermé.

La chaleur s'échappe aisément d'un pot en verre sans isolation.

Conclusion : une fourrure épaisse tient chaud et se révèle primordiale lorsque le climat est rigoureux. Mais si la température venait à augmenter, les animaux arctiques à fourrure pourraient souffrir dangereusement de la chaleur.

Les effets du réchauffement

Les ours blancs sont adaptés aux conditions rigoureuses de l'Arctique et souffriraient dans un milieu trop chaud. Le changement du climat leur pose d'ailleurs déjà problème : les phoques, leur principale source de nourriture, ont de sérieuses difficultés à se reproduire. Les phoques annelés, par exemple, perdent leurs petits parce que les grottes de glace dans lesquelles ils les élèvent fondent et s'effondrent trop tôt dans la saison.

L'achatine de Madagascar
Cet énorme escargot comestible, élevé dans les îles du Pacifique, s'est échappé dans la nature où il a rapidement ravagé les cultures.

Des clandestins
L'introduction de deux escargots, l'achatine et l'*Euglandina rosea*, a causé d'énormes dégâts à Tahiti et Mururoa, deux îles du Pacifique. L'*Euglandina* avait été importé dans un but précis, mais il arrive que d'autres, comme l'achatine de Madagascar, s'échappent d'un élevage ou sortent accidentellement des cales d'un cargo.

Escargot mangeur d'escargot
Pour lutter contre les achatines, l'*Euglandina rosea*, escargot carnivore, a été introduit dans les îles du Pacifique.

Escargots locaux
Malheureusement, plusieurs espèces locales d'escargots *Partula* de ces mêmes îles du Pacifique sont en train de disparaître, car l'*Euglandina rosea* s'en nourrit.

Le recours à des animaux pour limiter **les nuisibles** *réduit l'emploi de* pesticides chimiques

Nouvelles
MENACES

Relâcher un animal dans un milieu qui n'est pas le sien peut se révéler destructeur pour la faune locale. En général, les animaux sauvages partagent aisément leur habitat avec d'autres, mais l'introduction d'un nouveau venu, d'une espèce étrangère, peut perturber l'équilibre naturel. L'envahisseur est souvent un prédateur trop puissant ou un consommateur de végétation trop glouton. Il se révèle très destructeur dans les îles où la vie sauvage s'est toujours développée en vase clos, sans apports extérieurs. La plupart des espèces insulaires les plus vulnérables sont maintenant protégées.

Renards témérair[...]
En Australie, le renard est une espè[...] introduite qui s'attaque au[...] rares mammifères de l'î[...] comme le numbat, [...] bandicoot-lapin [...] le rat architect[...]

Sans pitié !
Le renard, l'hermine, le rat et le chat domestique comptent parmi les animaux prédateurs les plus destructeurs de la faune locale quand ils sont introduits dans un nouvel habitat. Dans les îles, la faune connaît peu de ces prédateurs naturels et ne sait pas s'en défendre ou s'en protéger.

Hermines affamées
L'introduction d'hermines en Nouvelle-Zélande a presque été fatale au takahé ou notornis, un gros oiseau indigène incapable de voler.

Rats en cava[...]
Le rat noir s'e[...] répandu aux quatr[...] coins du globe c[...] il monte à bor[...] des bateaux par le[...] amarres et s'y cache[...]

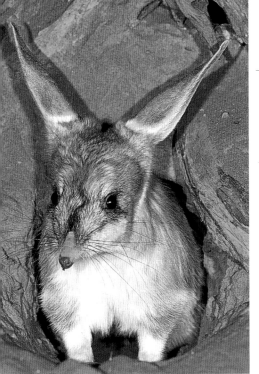

L'habitat de l'iguane-rhinocéros se fait rare.

Où se cacher ?

Les espèces locales, comme l'iguane-rhinocéros de Haïti, sont victimes des animaux de ferme qui errent en liberté. Autrefois, l'iguane pouvait se cacher dans de nombreux endroits de l'île qui regorgeaient de fourrés broussailleux ; aujourd'hui ces espaces sont dévastés, car broutés ou piétinés par les chèvres et les ânes nouvellement introduits.

Rivalité

Le bandicoot-lapin a été chassé d'une grande partie des terres australiennes par le lapin de garenne, une espèce introduite qui s'est rapidement propagée et s'est approprié ses terriers. Il n'est pas rare que des animaux importés inquiètent ainsi la faune locale, parce qu'ils rivalisent pour la même nourriture et le même abri.

Opération de sauvetage

Le kakapo, ou perroquet-hibou, est un oiseau géant de Nouvelle-Zélande incapable de voler. Sur le point de disparaître, les oiseaux restants ont été déplacés dans les îles voisines, à l'abri des prédateurs. Le kakapo a ainsi été sauvé de l'extinction, et il est surveillé de près par les naturalistes. Ce sont de telles mesures qui préservent les espèces insulaires menacées.

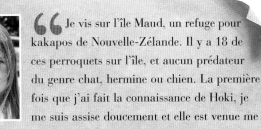

❝ Je vis sur l'île Maud, un refuge pour kakapos de Nouvelle-Zélande. Il y a 18 de ces perroquets sur l'île, et aucun prédateur du genre chat, hermine ou chien. La première fois que j'ai fait la connaissance de Hoki, je me suis assise doucement et elle est venue me mordiller gentiment les doigts. Elle me lançait aussi des brindilles. La nuit, elle cherchait à grimper sur le toit de la maison et on aurait cru qu'elle faisait des acrobaties. Hoki est retournée à sa vie sauvage sur l'île Codfish et je ne l'ai pas revue. Elle n'a pas encore pondu mais j'espère que cela ne va pas tarder. ❞ *Samantha Paton*

Mélange de gènes

L'espèce rare du loup d'Abyssinie est confrontée à un autre danger : des chiens domestiques, retournés à l'état sauvage, ont pénétré dans les derniers refuges du loup. Le croisement des deux animaux entre eux pourrait, à terme, conduire à la disparition du loup d'Abyssinie.

Le kakapo se nourrit la nuit, quand il risque le moins d'être vu de ses prédateurs.

Les animaux **importés** dévorent souvent les œufs et les **petits** des espèces **locales**

CHASSE ET TRAFIC

NOMBREUX SONT LES ANIMAUX SAUVAGES À ÊTRE DOUBLEMENT MENACÉS. NON SEULEMENT ILS PERDENT LEUR HABITAT MAIS ILS SONT AUSSI victimes des trafiquants. À notre époque, quand l'homme chasse un animal sauvage, c'est rarement pour nourrir ou habiller sa famille. La plupart du temps, c'est pour gagner de l'argent en vendant ivoire, fourrure ou encore animaux vivants.

> **66** La plupart des espèces les plus précieuses et les plus appréciées au monde vont disparaître à cause des trafics qu'elles suscitent. **99**
>
> **ALAN THORNTON**
> **PRÉSIDENT DE L'AGENCE DE RECHERCHES SUR L'ENVIRONNEMENT, 1994**

Le tigre a payé un lourd tribut à la chasse. Le commerce des fourrures (ci-contre) et des objets provenant d'espèces protégées est désormais illégal. Mais cela n'empêche pas le braconnage, le passage en fraude, la vente et l'achat de ces « produits » illicites.

Une population animale chassée à l'excès arrive à se reconstituer si son habitat est préservé

Tristes
BUTINS

De tout temps, l'homme a chassé les animaux pour se nourrir. Au début, la chasse avait peu d'impacts sur la faune car, de même que les autres prédateurs, les premiers hommes n'étaient pas très nombreux. Mais à mesure que les villes et les cités se sont développées et que le commerce de la chasse s'est banalisé, la pression sur la vie sauvage s'est accrue. Dans nos pays, la viande que nous consommons provient du bétail et de la volaille. Ce n'est pas toujours le cas dans les pays pauvres. Les protecteurs de la nature s'efforcent de convaincre les habitants de ces pays de réduire la chasse des espèces menacées afin que les animaux ne meurent pas avant de s'être reproduits.

La viande du bush

En Afrique centrale, les antilopes céphalophes sont une source alimentaire traditionnelle du bush, une région de buissons et d'arbres isolés. En capturant les animaux pour se nourrir ou pour les vendre, les chasseurs les menacent gravement : des pans entiers du bush ont déjà été vidés de leurs espèces comestibles.

Cible parfaite

Chassé pour sa viande, le goura de Victoria est menacé d'extinction. Ce gros oiseau malhabile de 80 cm de long est le plus gros de tous les pigeons. Comme il passe son temps à fouiller le sous-sol forestier, il fait une cible parfaite pour les chasseurs.

La mer devient rouge sang après le massacre des globicéphales noirs.

Massacre rituel

Chaque année, des bancs entiers de globicéphales noirs sont conduits et massacrés dans les eaux peu profondes des îles Féroé, au nord de l'Écosse. Autrefois, ce rituel se justifiait, car les insulaires mangeaient ce cétacé. Mais de nos jours, d'autres sources alimentaires existent. Pourtant, les Féroïens restent nombreux à perpétuer la tradition.

Élevage d'autruches

En Afrique du Sud, il est fréquent d'élever des autruches pour leur viande. Il existe aujourd'hui un peu partout dans le monde de tels élevages. Ils préservent les populations d'autruches sauvages et ne perturbent pas l'équilibre naturel.

Proies faciles

En Asie du Sud-Est, la viande et les œufs de la tortue fluviale batagur constituent une denrée appréciée. C'est au moment où elle sort de l'eau pour pondre qu'elle est capturée. Les chasseurs prennent aussi les œufs, détruisant ainsi la génération suivante. De nombreuses plages et berges sont maintenant surveillées pendant la saison de reproduction.

Pour leur croissance, les petits de l'autruche ont des repas équilibrés.

En Amérique centrale, on **élève** des **guanes** pour leur viande, afin de **préserver** ceux qui vivent à **l'état sauvage**

Sauvés à temps

Pendant des milliers d'années, les Indiens ont chassé le bison en Amérique du Nord. Puis, au XIXᵉ siècle, les colons européens sont presque parvenus à exterminer cet animal (de 60 millions, la population de bisons est passée à 1 000 têtes). Quelques troupeaux ont eu la vie sauve. Le nombre de bisons augmente maintenant régulièrement. Aujourd'hui, ils sont plus de 20 000.

Une pêche contrôlée, c'est une source de nourriture constante et renouvelable

LA SURPÊCHE

Les eaux douces et salées de la planète abritent des millions de tonnes de poissons et de coquillages. Le poisson est l'espèce la plus capturée au monde mais, aussi vastes que soient les surfaces aquatiques sur Terre, elle n'est pas illimitée. La surpêche menace non seulement les poissons et les coquillages, mais également tous les animaux qui s'en nourrissent et dont la vie dépend. Les réglementations et contrôles de la pêche, industrielle ou non, permettent de mieux protéger la vie aquatique.

Le maquereau
Ce poisson est fac à pêcher car il se nourrit en surface

Pêche en dange

Certaines espèces comme le maquereau so victimes de la surpêche et pourraient bientôt ne plu se rencontrer dans les filets des chalutiers. Avec l progrès de la pêche industrielle, les prises de poisso n'ont jamais été aussi importantes dans le mond entier. Des conventions internationales sur l quotas de pêche sont aujourd'hui indispensable

Le poisson-chat du Mékong atteint rarement sa **taille adulte** de **2 m,** car il est pêché **tout jeune**

Fous de pirarucu

Le pirarucu, ou arapaïma, est un mets fort apprécié tout le long de l'Amazone. Son déclin est toutefois avéré dans de nombreuses régions, car l'avidité de certains pêcheurs est telle que le poisson n'est plus attrapé avec une ligne et un filet mais dynamité ou tiré par balles.

Coquillages et crustacés en péril

La surpêche concerne aussi les coquillages et les crustacés. Le bénitier, ou tridacne, n'existe presque plus le long des côtes, littéralement pillées, des îles de l'océan Pacifique occidental. D'autres mollusques de valeur, comme les conches, ont été intensément pêchés pour leur chair. Même des crustacés courants, comme les crabes et les homards, risquent de disparaître si les mers continuent à être « dévalisées ».

La sardine, l'églefin, le hareng et l'anchois sont tous victimes de la **surpêche**

> ❝Les scientifiques élèvent du corail qu'ils transplantent dans les récifs endommagés.❞
>
> KEITH HAMMOND, AQUACULTEUR

Méthodes destructrices

a pêche à la dynamite dans les récifs coralliens, mme ici aux Philippines, détruit des pans entiers e coraux et leurs hôtes. Cette méthode de pêche est une des plus meurtrières, tout comme l'emploi de ets dérivants qui piègent indifféremment le poisson cherché, les tortues et les dauphins de mer.

Impacts écologiques

a surpêche ne nuit pas qu'aux poissons ! n pense que c'est parce que l'équille été trop pêchée au large des îles netland, au nord de l'Écosse, e les colonies de macareux oines ont été affectées, s poussins étant privés e leur nourriture rincipale.

TOI AUSSI
PROTÈGE LES POISSONS

Suis le règlement de pêche local quand tu pêches.

Plutôt que du poisson pêché en mer, préfère celui d'élevage comme la truite.

Patrouilles en mer

Les patrouilles de gardes-pêche, comme celle-ci aux Philippines, permettent de lutter efficacement contre la pêche illégale. Les gardes-pêche tentent de limiter l'emploi de la dynamite et vérifient les prises afin de s'assurer que la taille, le poids et l'espèce sont respectés. Par endroit, les contrôles sont effectués par les communautés de pêcheurs elles-mêmes.

> « **Le tigre est menacé d'extinction à cause du trafic fait avec ses os.** »
>
> KRISTIN NOWELL, ORGANISATION TRAFFIC, 1999

À VENDRE !

TOI AUSSI
ACHÈTE ÉCOLO

N'achète jamais de coquillages ou autres produits animaliers comme souvenir de vacances.

Ne porte jamais de vraie fourrure, préfère la fausse.

Utilise des savons et des shampooings sans produits d'origine animale.

De nombreux animaux ne sont pas chassés pour leur viande, mais pour leur peau, leur fourrure, leurs cornes, leur coquille ou toute autre partie de leur corps. Ces « produits » sont largement commercialisés à l'échelle mondiale comme objets décoratifs, ingrédients de la médecine traditionnelle ou matières premières dans l'industrie de la mode. Les victimes de ce trafic sont souvent des espèces menacées d'extinction immédiate : félins, rhinocéros, gorilles, crocodiles ou tortues marines. Les gouvernements ont promulgué des lois qui contrôlent le commerce des produits d'origine animale, mais elles sont difficiles à appliquer.

Le prix de la mode

Il n'y a pas si longtemps encore, le rare chinchilla des montagnes d'Amérique du Sud était capturé pour la douceur de sa fourrure, utilisée dans la mode. La vraie fourrure est encore très demandée, ce qui conduit à des actes barbares envers certains mammifères sauvages, devenus rares.

Médication traditionnelle

La médication traditionnelle met en péril certains animaux, dont le tigre ou encore l'ours noir de l'Himalaya, chassé par exemple pour sa vésicule biliaire. Grâce aux actions d'organisations telles que TRAFFIC (qui luttent contre le commerce et l'exploitation à l'échelle internationale des espèces sauvages), l'opinion publique prend enfin conscience de la gravité du problème.

Renard roux
La patte enserrée dans le piège, ce renard souffre de soif, de faim, de peur et de douleur.

Aigle royal
Les pièges fonctionnent souvent au détriment des espèces rares d'oiseaux de proie, tel l'aigle royal.

Je vis à Chicago, aux États-Unis, et je suis fière d'être une jeune membre de PETA (association pour le traitement éthique des animaux). Je suis végétarienne, contre l'exhibition des animaux dans les cirques et contre la chasse qui conduit à tuer des animaux pour leur fourrure ou d'autres parties de leur corps. Je suis devenue membre de PETA, car je veux dénoncer les actes cruels qui sont commis de nos jours. La vie des animaux est entre nos mains. Nous en sommes responsables. Nous devrions tous être pour la paix dans le monde et contre la cruauté envers les animaux.

Mort lente

Les animaux à fourrure sont pris dans des pièges qui leur causent souvent une mort lente et douloureuse. Il suffit de quelques appâts pour attirer n'importe quel animal. Outre les animaux destinés au commerce de la fourrure, nombreux sont les renards, les oiseaux, les chats et les chiens qui en sont victimes.

Animaux-produits

Difficile de croire qu'il existe quelqu'un pour acheter le crâne d'un crocodile (ci-dessus, à gauche) ! C'est pourtant l'un des objets confisqués par les douanes à des vacanciers à leur retour. Ces souvenirs provenaient d'une chasse fructueuse d'animaux en voie d'extinction. Si tout le monde cessait d'acheter de la fourrure, de l'ivoire ou des carapaces de tortues, la chasse n'aurait plus de raison d'être.

Pourchassé jusque dans son gîte, le crocodile du Siam a disparu de certaines régions d'Asie du Sud-Est

Saisies de douane

Les douaniers ont saisi ces peaux de jaguars alors qu'elles allaient sortir du Brésil en contrebande. La Convention mondiale de Washington sur le commerce international des espèces menacées, ou CITES, a mis au point tout un dispositif de règles qui visent à limiter le commerce des animaux ou des produits dérivés. Son but est la protection des espèces sauvages et l'arrêt de l'exportation des espèces en voie de disparition.

TIM LUFFMAN TRAVAILLE DANS LE CADRE DE LA CITES, LA CONVENTION SUR LE COMMERCE INTERNATIONAL DES ESPÈCES MENACÉES, À L'AÉROPORT DE HEATHROW, À Londres (Grande-Bretagne). Il vérifie qu'aucun animal, rare et protégé, ou produit illicite d'origine animale ne passent en fraude ou dans de mauvaises conditions par l'aéroport.

TIM LUFFMAN
INSPECTEUR DES DOUANES

Une journée avec un

INSPECTEUR DES DOUANES

Les douanes jouent un rôle vital dans la lutte contre le commerce illégal des espèces menacées.

Contrôle à l'aéroport
Les avions qui atterrissent à Heathrow viennent des quatre coins du globe. Dans leurs soutes, on trouve des animaux en règle ou passés en fraude.

Aujourd'hui, Tim va être appelé pour examiner des alligators, des rhinocéros et des tortues, et identifier des peaux de serpents et de l'ivoire. Il ne sait jamais de quoi sera faite sa journée et ne peut rien planifier.

Seule chance de survie
À l'état sauvage, le rhinocéros unicorne est menacé. Pour le protéger, on le garde en captivité dans des parcs zoologiques.

7h00 J'arrive au bureau et rejoins l'équipe du matin. Le trafic aérien ne s'arrêtant jamais, il y a toujours au moins un membre de la CITES de garde à l'aéroport. Nous sommes chargés de contrôler le passage en douane des animaux arrivés légalement sur le sol britannique, mais les douaniers font aussi appel à nous quand un objet ou autre chose leur paraît suspect.

7h30 Ma première tâche de la matinée consiste à contrôler des rhinocéros indiens rares et à leur faire passer rapidement la douane. Ces animaux ont été transportés depuis le Népal dans des caisses spécialement aménagées et nous ne voulons pas les faire attendre inutilement. Même quand les conditions de transport sont bonnes, couvrir de longues distances est stressant pour les animaux. Je vérifie

Défense d'éléphant en ivoire

Boutons en faux ivoire

Ivoire de pacotille
D'un simple coup d'œil, Tim peut dire si un objet est en ivoire ou non.

les papiers. Tout est en règle. Un zoo britannique les fait venir pour un programme de reproduction.

8h30 On m'annonce par téléphone que l'on vient d'arrêter un passager

Le centre d'accueil pour animaux
Si Tim suspecte qu'un animal est entré illégalement sur le territoire, il l'amène sur-le-champ au centre d'accueil pour animaux.

provenance de Hong Kong : possède une sculpture en ... oire. Je pars examiner l'objet : ... n'est qu'une imitation en ... astique. Un objet en ivoire ... ritable a une structure en ... oisillons qui se reconnaît ... cilement à l'œil nu. On laisse ... partir le passager.

Tim a appris à porter les animaux sauvages, souvent dangereux.

...amen sous contrôle
... ur éviter les morsures et les coups ... queue, Tim ferme la gueule de ... lligator avec du ruban adhésif et ... nt fermement sa queue.

...h00 Certains animaux contrôlés peuvent être ... angereux. C'est le cas de cette ... ngtaine d'alligators américains ... i doivent être examinés avant ... être autorisés à rejoindre un ... o britannique. Je dois sortir ... acun des reptiles de sa cage ... m'assurer qu'il est en bonne

❝Je dois toujours ouvrir l'œil et essayer de penser comme un trafiquant.❞

santé, qu'il appartient bien à l'espèce légale et qu'il n'est pas trop jeune. Importer des animaux trop jeunes est illicite car cela nuit aux populations sauvages.

10h30 On m'avertit que 200 boas des sables d'Afrique de l'Est, en provenance du Zimbabwe, m'attendent au centre d'accueil. Il me faut les examiner et vérifier leurs papiers. Rob, un spécialiste des serpents, les inspecte en ma compagnie. Les reptiles sont enfermés dans des housses à vêtements disposées dans des caisses en bois. Je dois tout sortir, et compter les serpents un à un. Rob et moi-même arrivons à la conclusion que ce sont bien des boas des sables, mais leurs papiers laissent à désirer. Après vérification dans les ouvrages spécialisés, je m'aperçois qu'on ne trouve plus de boa des sables au Zimbabwe. Aussitôt je soupçonne une importation illégale. Tous les papiers seraient faux ! Les serpents destinés à des animaleries situées aux États-Unis s'arrêteront en Grande-Bretagne. Je m'arrange pour qu'ils soient dirigés sur des zoos et vers des équipes de spécialistes.

12h00 Alors que je déjeune, on m'appelle au dépôt du courrier. Quand j'arrive, on me montre un sac à main en serpent. Je reconnais immédiatement la peau, c'est celle d'un python réticulé. Des papiers certifiés CITES sont exigés pour que ce sac puisse entrer dans le pays.

Serpents voyageurs
Comme la plupart des petits reptiles, les boas des sables voyagent dans des housses disposées à l'intérieur de caisses en bois.

Le python réticulé n'est pas un animal rare, mais il est protégé car il sert malheureusement souvent à la fabrication de sacs et de chaussures. Le quota annuel de peaux de python réticulé pouvant être exportées s'élève à 10 000.

14h00 Je reçois un appel téléphonique d'un particulier qui a vu des tortues exotiques en vente dans une animalerie près de chez lui. Il pense qu'elles ont peut-être été passées en contrebande. Je lui réponds que certains animaux exotiques sont vendus légalement. Cependant, par prudence, je demande aux douanes de procéder à un contrôle. Alors que je m'apprête à rentrer chez moi, les douanes me rappellent : il s'agit de tortues brunes d'Asie, importées légalement en Grande-Bretagne pour être vendues comme animaux de compagnie.

15h15 Avant de rentrer, je fais le point avec l'équipe du soir. Je me demande bien ce que le reste de la journée réservera à mes collègues.

Le commerce de tortues
Cette tortue brune d'Asie vient de Malaisie. Si de telles tortues sont transportées dans des conditions adéquates et si elles atteignent un poids suffisant, elle entrent légalement en Grande-Bretagne.

Cette tortue a voyagé sur un confortable lit de papier qui l'a gardée au chaud.

Beaucoup de pays contrôlent maintenant le commerce des animaux rares et exotiques

Les TRAFICS

Il ne fait pas bon être populaire pour un animal sauvage.

De nombreuses personnes souhaitent avoir un animal domestique exotique ou constituer une collection venue d'ailleurs et, le commerce aidant, certaines espèces sont sur le déclin. Des animaux rares et donc à forte valeur sont arrachés à leur milieu, transportés sur de longues distances dans des caisses exiguës et vendus illégalement à un trafiquant ou une animalerie. Des lois strictes et des enquêtes minutieuses permettent de contrôler ce trafic. À chacun aussi de refuser d'acheter un animal sans certificat légal et dûment autorisé !

Aux États-Uni l'opératio Caméléon a perm d'arrêter le trafic nombreux reptile

Mygale mexica
Cette mygale du Mexique à pattes rouges rencontre de moins en moins à l'état sauv à cause du trafic qui en est fait com nouvel anim de compag

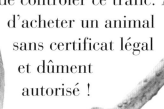

Oiseaux en cage
Le diamant de Gould est devenu très rare en Australie parce qu'il a été trop vendu comme oiseau de compagnie.

Chasseurs d'animaux
La mygale du Mexique à pattes rouges et le diamant de Gould sont deux des espèces que commerce des animaux de compagnie a mis péril. Plus une espèce est rare, plus elle susci de convoitise : les chasseurs volent ainsi les oisillons encore au nid ou déterrent les mygale

Serpents pliés
Parfois, il arrive qu'un trafiquant transporte un python de Birmanie dans une valise. Des centaines de jeunes serpents peuvent ainsi être pliés de manière à tenir dans un sac.

Victimes de la contrebande

Ces araraunas, des perroquets aras bleu et jaune, ont été capturés en Amérique du Sud et enfermés dans une cage terriblement exiguë. En moyenne, 4 oiseaux sur 5, blessés au moment de la capture ou victimes des conditions de transport, meurent avant d'arriver à destination. Les oiseaux passés en contrebande sont souvent tassés dans des conteneurs aveugles, étroits et mal aérés.

Exigences de vie

Des reptiles, tel le python de Birmanie, sont expédiés dans le monde entier et confrontés à des conditions de vie bien différentes de celles qu'ils ont connues sous les tropiques (et pour lesquelles ils sont adaptés). Pour rester en bonne santé, un serpent a besoin de la lumière du soleil, de chaleur et d'une nourriture adaptée. Souvent, lorsqu'ils réalisent que l'animal a des exigences bien précises, les propriétaires le négligent ou l'abandonnent.

Le **commerce** des animaux de compagnie met directement **en péril** au moins **58 espèces** de **perroquets**

Ornithoptère de Cairns

Ornithoptère de la reine Alexandra

Élevage industriel

En Papouasie-Nouvelle-Guinée, ce sont des villages entiers qui procèdent à l'élevage des papillons exotiques : ils font pousser les plantes nourricières des chenilles et expédient les magnifiques ornithoptères issus de la métamorphose des larves aux collectionneurs du monde entier. Cet élevage industriel permet de satisfaire la demande sans piller la nature.

TOI AUSSI
PRENDS SOIN DE TON ANIMAL

Choisis un animal dont tu pourras t'occuper facilement (les animaux exotiques exigent des conditions particulières tout au long de leur vie).

Rejoins une organisation qui lutte contre le commerce illégal des animaux exotiques.

Réhabilitation

À Bornéo, le centre de réhabilitation Sepilok s'occupe des orangs-outans repris aux contrebandiers. On les soigne jusqu'à ce qu'ils puissent retourner à leur milieu d'origine, la forêt. Mais ce n'est pas si facile, car ces animaux sont souvent en piteux état, stressés et loin de chez eux.

> **"Permettre que des animaux souffrent pour le plaisir de quelques-uns est indigne de notre civilisation moderne."**
>
> PETER DAVIES, DIRECTEUR GÉNÉRAL DE LA RSPCA

Antilopes menacées

Pendant des années, l'addax, une antilope des déserts nord-africains, a été chassé pour ses magnifiques cornes spiralées. Aujourd'hui, on en recense moins de 200. Coureurs véloces, ils ne peuvent pourtant échapper aux chasseurs motorisés. L'addax est aujourd'hui menacé de même que de nombreux autres ongulés des vastes étendues désertiques.

Dans un **safari**, le **permis de tuer** un **éléphant** coûte **8 000 dollars**

La chasse
de loisir

Les revenus tirés d'un safari

Au Zimbabwe, ce chasseur a tué en toute légalité un buffle du Cap. Certains pays du sud de l'Afrique autorisent la chasse dans les réserves, car elle apporte une source de revenus : le touriste paie pour garder son trophée. L'argent récolté est réparti entre la réserve et le fonds de soutien à la conservation de la nature.

Depuis toujours, l'homme traque les animaux sauvages. De nos jours, la chasse est un loisir comme un autre. Tant qu'elle reste un passe-temps, elle ne nuit pas à la faune, même si beaucoup considèrent qu'il est inadmissible de tuer gratuitement. Pratiquée sans garde-fou ou de manière excessive, la chasse de loisir peut être cruelle pour les animaux et même être responsable de la disparition d'espèces rares. Certains défenseurs de l'environnement privilégient les chasses contrôlées en réserve ou dans un domaine privé au nom de la sauvegarde des habitats naturels, voire des espèces visées, qui s'avèrent mieux protégées grâce à l'apport financier de la chasse.

" J'habite Trévise, en Italie. De la fenêtre de ma chambre, je vois et j'entends de nombreux oiseaux : des petits, comme les rouges-gorges, les pics et les pigeons, mais également des gros, comme les bécasses des bois et les faisans. Non loin de chez moi, il y a un endroit où nichent les cigognes pendant leur migration. Lorsque c'est la saison de la reproduction, j'entends les coups de fusil des chasseurs. Je voudrais que tous les oiseaux se réfugient dans mon jardin et que les chasseurs rentrent bredouilles. J'aime les oiseaux parce qu'ils sont libres. Un jour, peut-être, la chasse sera interdite et il y aura encore plus d'oiseaux autour de ma maison. "

Alessandro Carboni

Une belle histoire

Vers 1920, les Européens en séjour au Japon aimaient tant chasser la grue qu'il n'en est bientôt plus resté une vingtaine de spécimens. On les protégés des chasseurs, et aujourd'hui en dénombre environ 600. C'est la preuve qu'une chasse contrôlée et un changement d'attitude peuvent faire ute la différence entre une disparition définitive et une survie prometteuse.

Migration mortelle

En Italie et à Malte, la bondrée apivore est l'une des cibles préférées des chasseurs qui l'attendent lors de sa migration entre l'Europe et l'Afrique. Elle compte parmi les millions d'oiseaux migrateurs abattus pendant leur traversée au-dessus des côtes méditerranéennes. Aujourd'hui, dans un grand nombre de pays, des groupes de défense de l'environnement font campagne contre ce massacre saisonnier.

Chaque **année**, environ **100 000** **oiseaux de proie** sont **abattus** au-dessus de **Malte**

La grue du Japon
Comme un couple de grues du Japon n'élève qu'un poussin par an, il faudra du temps pour que leur population redevienne aussi nombreuse qu'à l'origine.

a pêche de loisir

 pêche de loisir rapporte gros à Hawaï. La che à la ligne est l'une des plus respectueuses l'environnement, mais elle peut menacer les pulations de poissons si les règles ne sont pas ivies. Aux États-Unis, la loi protège des poissons res, comme le mérou rayé et l'esturgeon.

SAUVÉS !

NOUS SOMMES DE PLUS EN PLUS NOMBREUX À PRENDRE CONSCIENCE DU RÔLE ESSENTIEL DE LA NATURE ET À AGIR POUR préserver les espèces en voie d'extinction. Aujourd'hui, les nombreux projets de défense de l'environnement qui voient le jour sont axés sur la protection et la restauration de la faune et de la flore de la planète.

Les loups gris (ci-dessus) reviennent dans certaines régions qui avaient été témoins de leur déclin. C'est la preuve que des mesures de préservation adéquates (lois sur la chasse, protection de l'habitat, réintroduction de loups élevés en captivité) permettent d'arrêter l'engrenage fatal menant à la disparition définitive d'une espèce. Cela n'a malheureusement pas été le cas du crapaud orange (à droite).

"Il est encore temps de sauver des espèces et des écosystèmes. Les générations à venir ne nous pardonneront pas un échec."

COMMISSION MONDIALE SUR L'ENVIRONNEMENT ET LE DÉVELOPPEMENT, 1987

La Liste Rouge

La Liste Rouge, établie par les organisations mondiales de défense de l'environnement, recense toutes les espèces animales menacées. Parmi elles se trouvent le tapir d'Inde, le douc et l'alligator de Chine. Les animaux sont classés en « espèces menacées d'extinction immédiate » ou « à court terme », ou en « espèces vulnérables ».

Tapir vulnérable
Sans habitat, la population des tapirs d'Inde se trouve réduite à quelques groupes isolés.

Extinction à court terme
Chassé à l'excès, le douc (un petit singe) a presque disparu des forêts du Laos et du Vietnam.

Extinction immédiate
La destruction de son habitat a fait de l'alligator de Chine le plus rare des crocodiliens.

Le krill, ou plancton marin, constitue la principale nourriture de cinq espèces de baleine.

Les chaluts ramènent dans leurs filets des milliers de tonnes de krill par an.

CONTRÔLES
et recherches

Davantage de recherches

Le plancton marin constitué de petits crustacés est appelé krill. Pêché en vastes quantités dans les mers de l'Antarctique, il sert à nourrir les animaux d'élevage. Qu'adviendra-t-il des manchots, des phoques et des baleines qui se nourrissent exclusivement de krill ? Seule la recherche peut y répondre.

Techniques modernes

Cette panthère des neiges, ou once, porte un émetteur radio autour du cou. Ses déplacements dans les montagnes du Cachemire, même les plus insignifiants, sont ainsi détectés. Grâce aux techniques modernes, il devient possible d'observer des animaux dans leur milieu naturel.

La recherche scientifique est fondamentale dans le combat qui se joue pour la sauvegarde de la nature, car il est vital d'avoir des informations précises. Le monitorage, qui consiste à surveiller notamment sur ordinateur des animaux munis entre autres de collier émetteur, fournit de précieux renseignements sur les effectifs et les modes de vie (alimentation, reproduction, déplacements...) de ceux-ci et permet de repérer les espèces en difficulté. Il est même possible d'identifier les dangers qui les menacent. Ces recherches aident également à savoir comment élever au mieux les animaux en captivité. Il est alors plus simple de lancer des campagnes en faveur de la protection des animaux et de leurs habitats et de mettre en œuvre des projets efficaces.

" Sans informations, nous travaillons dans le noir. "

FONDS INTERNATIONAL DE CONSERVATION DE LA VIE SAUVAGE

Les **chercheurs** du **monde entier** fournissent des **informations** qui servent à compléter la **Liste Rouge**

Il est possible de récupérer le venin d'un serpent sans lui nuire.

La vipère du Gabon est dotée de crochets qui injectent du venin quand elle mord.

Serpents captifs

Le venin produit par les animaux, telle la vipère, sert à fabriquer des médicaments. Pour cela, les serpents sont élevés en captivité et « traits » (on prélève leur venin). Plus les recherches menées sur les animaux nous en apprennent, plus nous en tirons de bénéfices sans leur nuire.

Aquaculture d'hippocampes

Au Vietnam, l'élevage d'hippocampes est expérimental. En améliorant les techniques, on espère pouvoir les faire se reproduire pour les vendre ensuite. Cette aquaculture permettrait de réduire la pêche qui a considérablement décimé leur population le long des côtes de l'Asie du Sud-Est et au large des barrières coralliennes.

ESCARGOTS SOUS CONTRÔLE

EXPÉRIENCE

Il te faut : 1 pot de fleurs en terre cuite, de gros escargots du jardin, 1 boîte de peinture non toxique*, 1 pinceau, des gants de protection.

1 **RENVERSE** le pot de fleurs dans un coin sombre du jardin en veillant à laisser un espace suffisant pour que les escargots puissent y entrer et en sortir.

2 **LE LENDEMAIN, PRENDS** les escargots qui se sont glissés sous le pot. Numérote à la peinture chacun d'entre eux et replace-les sous le pot.

* La peinture non toxique ne nuit ni aux escargots ni à l'environnement.

3 **CHAQUE JOUR, CONTRÔLE** le pot, note sur un carnet les numéros des escargots qui sont revenus et numérote les nouveaux escargots. Tu vas t'apercevoir que ce sont toujours les mêmes qui reviennent.

Conclusion : toi aussi tu peux te livrer à l'étude comportementale d'un groupe d'escargots en notant leurs habitudes. C'est ainsi que les défenseurs de l'environnement agissent.

* **Choisis une peinture à l'eau sans solvant et non polluante.**

SPÉCIALISTE DES KOALAS
AUDREY KOOSMEN

AUDREY KOOSMEN EST AUTORISÉE PAR LE SERVICE AUSTRALIEN DES PARCS NATIONAUX ET DE LA VIE SAUVAGE À PRENDRE CHEZ ELLE TOUT ANIMAL QUI NÉCESSITERAIT SON AIDE. Snowflake (à gauche) est l'un de ces 300 koalas orphelins, malades ou blessés, qu'Audrey a soignés dans sa maison de Blackfalls Park, en Nouvelle-Galles-du-Sud (Australie).

Une journée avec une

SPÉCIALISTE DES KOALAS

La sauvegarde des koalas exige beaucoup
de temps et d'efforts, mais le travail entrepris par Audrey
permet de préserver une espèce unique

Aujourd'hui, Audrey doit s'occuper de trois koalas. À 16 ans, elle a sauvé son premier animal ; actuellement, elle enseigne à des étudiants ce que les animaux lui ont appris.

Une poche protectrice
Audrey a confectionné un sac en tissu qui garde Little Al au chaud et en sécurité. Il se sent comme dans la poche protectrice de sa mère, qu'il ne quitte, en général, pas avant 7 mois.

6h00 Le réveil sonne, ma journée commence. Little Al, un bébé koala orphelin, est déjà bien éveillé dans son panier, posé à côté de mon lit. Sa mère a été renversée par une voiture et on l'a trouvé dans la poche maternelle. Comme il n'a que 6 mois, on doit le veiller jour et nuit. Il faut même le nourrir avec un biberon contenant un lait chaud spécial. Première chose à faire : je le sors doucement de son sac et l'encourage à déposer

Au pays des koalas
Audrey vit à proximité du bush, une région constituée de buissons serrés et d'arbres isolés, où vit la plus grande population de koalas du monde. Quelques-uns des patients d'Audrey sont victimes de feux naturels, mais d'autres sont blessés par des incendies allumés intentionnellement.

sa crotte sur du papier journal afin que son sac reste propre. Il boit son lait, puis retourne sur-le-champ faire un somme. Même les koalas adultes passent 20 heures par jour à dormir. C'est essentiel, car leur régime alimentaire à base d'eucalyptus n'est pas très énergétique.

7h00 Pendant que je nourris Little Al, Dimples se réveille doucement. Il a 9 ans. Quand on me l'a amené, son œil était infecté, ce qui est courant chez les koalas. Je le garde dans une cage que j'ai spécialement fabriquée pour lui à partir d'un

berceau d'enfant en bois. Entouré d'oreillers et de couvertures, il est confortablement installé. Je lui nettoie les yeux avec de l'eau chaude et lui applique de la crème. Cela me demande de la patience, car il n'aime pas cela du tout et ne tient pas en place. Je le récompense avec un peu de lait chaud. Comme il ne pesait pas lourd quand on me l'a apporté, il a droit à une plus grosse ration que les autres koalas pour qu'il se remette d'aplomb et retrouve l'appétit. Je complète avec quelques feuilles d'eucalyptus. Il se nourrit 1 heure durant, puis se rendort.

Soins spéciaux
Les koalas malades, comme Dimples, ont besoin de chaleur, de confort et d'une surveillance permanente. Audrey en apprend chaque jour un peu plus sur les besoins de ces patients.

h 30 Dehors, Cinders attend sa ration de feuilles
îches. Elle a été gravement
îlée aux oreilles, au nez et sur
los par un feu de bush. Quand
e est arrivée, je lui ai fait boire
aucoup d'eau et ai pratiqué
doux étirements pour la
duquer physiquement.
intenant elle est
fisamment remise et vit
ns la volière du jardin.
prends le papier journal
illé qui jonche le sol et compte
nombre de crottes pour savoir
Cinders a ou non beaucoup

la nourriture bien fraîche
rtains jours, des étudiants
compagnent Audrey pour
oir quelles espèces
ucalyptus prendre, où
trouver et combien
feuilles cueillir.

ure maternelle
and un bébé
ala perd sa
re, il pleure
ndant des
rs comme un
fant. Little Al
uve réconfort
près d'un ours
peluche.

mangé. Puis je lui donne les trois sortes de feuilles d'eucalyptus qu'elle trouverait dans la nature. Elle se jette dessus. Je la caresse un peu, surtout sous le menton car elle adore ça.

10h00 Little Al est de nouveau éveillé, prêt à boire son biberon. Pendant une quinzaine de minutes, je joue avec lui et son ours en peluche. Puis il boit son lait et… se rendort illico !

11h00 Les koalas en captivité font beaucoup de saletés. Une fois la lessive faite et les déchets végétaux jetés sur le tas de compost, je peux aller dans le bush cueillir des feuilles d'eucalyptus. Je les dépose dans un récipient d'eau propre et les garde au frais car les koalas sont difficiles et n'aiment que les feuilles bien fraîches.

Les feuilles d'eucalyptus sont plus petites et plus rondes quand elles sont jeunes.

13h00 J'ai à peine terminé de nourrir et de soigner mes pensionnaires que le vétérinaire arrive. Il me rend visite trois fois par semaine. Il examine d'abord Cinders. Elle n'aime pas du tout être réveillée et se montre grognon. Elle tente même de le mordre. Comme elle doit être relâchée la semaine prochaine, le vétérinaire l'équipe d'une étiquette jaune à l'oreille et d'un collier émetteur. On pourra ainsi l'identifier, la suivre et la surveiller. C'est ensuite au tour de Dimples : le vétérinaire est satisfait de l'état de ses yeux. Enfin, Little Al est ausculté. Le vétérinaire me rassure en m'annonçant qu'il a pris du poids. Dans quelques mois, il sera assez costaud pour survivre dans le bush.

16h30 Je reste un bon moment avec Cinders pour le dernier repas de la journée. Je me suis beaucoup attachée à elle, car cela fait 11 mois que je la soigne. Je sais qu'elle est maintenant suffisamment en forme pour vivre dans la nature. Je serai heureuse de la voir de nouveau libre mais elle me manquera. Le bush peut être

Bientôt Cinders se sera habituée à son collier émetteur.

Se préparer à la liberté
Cinders est un koala adulte qui a connu la captivité pendant longtemps. Avant d'être relâchée, elle doit retrouver son poids de forme et réapprendre à grimper aux arbres.

dangereux, surtout pendant la période de reproduction : les koalas parcourent de grandes distances, traversent les routes et rencontrent toutes sortes de gens et de prédateurs. Je sais pourtant que c'est là qu'est sa place.

18h00 Dimples m'appelle à sa manière. Il a faim. Je lui nettoie encore les yeux, lui donne un peu de lait et quelques-unes de ses fleurs d'eucalyptus favorites. Bientôt, il aura suffisamment récupéré pour vivre dans la volière : un pas de plus vers la liberté !

19h30 Dans ma chambre, Little Al est réveillé. Il sort de son sac et visite la pièce. Le radiateur fonctionne en permanence pour qu'il n'ait pas froid. Il grignote quelques jeunes pousses bien tendres, boit la moitié de son biberon et… tombe de sommeil.

21h00 Je rends une dernière visite à Cinders et Dimples, puis je vais me coucher. Dans 3 heures, il faudra que je me lève pour nourrir Little Al.

LIBRES ET
SAUVAGES

Certaines espèces animales sont si gravement menacées qu'elles s'éteindraient si nous n'intervenions pas. Leur avenir est entre nos mains. Des programmes de reproduction en captivité pour plusieurs espèces ont été mis en place par les défenseurs de l'environnement. L'objectif est d'éviter leur extinction, quoi qu'il arrive dans la nature. Si, en captivité, ces espèces parviennent à se reproduire suffisamment et si l'on estime qu'elles peuvent retourner vivre en toute sécurité dans leur habitat d'origine, elles seront relâchées, ou réintroduites, dans la nature.

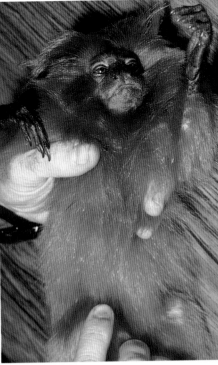

Sauvés !

Dans le sud-est du Brésil, l'habitat forestier du petit singe-lion a été presque entièrement détruit pour les besoins agricoles de l'homme. Dans les années 1980, un projet d'envergure mondiale a été lancé afin de le sauver de l'extinction. Les singes-lions, capturés puis élevés en captivité, sont maintenant plus de 500. Certains ont été réintroduits dans la nature.

Les tuataras, ou sphénodons, sont des reptiles actuellement réintroduits dans les îles situées au large de la Nouvelle-Zélande.

TOI AUSSI
SAUVE DES ESPÈCES

Renseigne-toi pour savoir s'il existe près de chez toi un zoo qui suit un programme de réintroduction dans la nature et demande à tes professeurs s'il serait possible d'organiser une sortie d'étude.

Après les avoir étudiés, remets toujours les animaux à l'endroit où tu les as trouvés.

Aide artificielle

On administre aux tuataras femelles en captivité des hormones qui leur permettent d'avoir un plus grand nombre de petits que dans la nature.

Soins intensifs

En captivité, les animaux ne craignent ni prédateurs ni trafiquants, mais leur santé est fragile. Certains exigent des soins spécifiques, notamment si l'on tient à ce qu'ils se reproduisent. Des petits, nés en captivités, ont parfois des parents adoptifs, ou sont même nourris au biberon.

Putois de luxe

Grâce à un coûteux programme américain, le putois à pattes noires a pu être réintroduit dans la nature.

Le prix de la captivité

Le nombre de rhinocéros de Sumatra était tombé si bas qu'il a fallu prélever 38 animaux sur les 120 survivants et les faire se reproduire en captivité. Malheureusement, ce fut un échec. Onéreuse et incertaine, la reproduction en captivité n'est à utiliser qu'en dernier recours.

Autrefois, les troupeaux de bisons arpentaient les prairies.

> ❝ La reproduction en captivité et la réintroduction dans la nature exigent du temps. ❞

JOHN MARZLUFF, PROFESSEUR DE ZOOLOGIE

De retour à la vie sauvage

Le bison européen n'existait plus à l'état sauvage, en raison notamment de la disparition de son habitat. En 1956, des spécimens élevés en captivité ont été relâchés dans une forêt protégée de Pologne et, depuis lors, le nombre de bisons augmente régulièrement. Afin de garantir une réintroduction efficace, ces troupeaux de bisons européens sont soigneusement contrôlés.

Problèmes persistants

La réintroduction de l'oryx d'Arabie dans son milieu désertique a été l'une des plus réussies de ces dernières années. Toutefois, l'augmentation de leur population (jusqu'à 400 têtes) s'est accompagnée d'une recrudescence du trafic destiné aux collectionneurs privés. La réintroduction d'animaux dans la nature ne peut réussir que si les dangers qui les menaçaient auparavant ont bel et bien disparu.

Débuts assurés dans la vie

Les tortues carets peuplent l'océan Pacifique et le golfe du Mexique. En temps normal, les œufs et les jeunes sont la proie des prédateurs et des trafiquants, mais les défenseurs de l'environnement ont décidé de remédier à cet état de fait : ils recueillent les œufs, surveillent leur éclosion puis remettent les jeunes dans la nature.

Parcs et
RÉSERVES

De toutes tailles

Le parc national de Yosemite, en Californie (États-Unis), qui s'étend sur 3 000 km², abrite des animaux rares comme le puma, l'ours noir et la chouette lapone. Mais l'importance d'une réserve ne se mesure pas à sa superficie : les étangs, les bois et les prairies de petite taille sont tout aussi nécessaires.

L es parcs nationaux, les réserves naturelles et toutes les zone destinées à la conservation de la faune et de l flore sont des refuges vitaux pour la vie sauvage. Les gens qui travaillent mettent tout en œuvre pour préserver l'environneme et les animaux hébergés. D'autant que ces parcs et réserve en protégeant les divers habitats, accueillent une grand variété d'espèces. Mais la population locale ne voit pa toujours d'un bon œil l'aménagement de ces espaces qu'elle exploitait avant pour ses besoins personnels.

TOI AUSSI
SAUVE DES HABITATS

Visite une réserve et demande à rejoindre les bénévoles qui s'occupent de l'environnement.

Soutiens les réserves d'animaux sauvages en t'associant à une organisation comme le Fonds mondial pour la nature (WWF).

Éléphants en surnombre

Les parcs nationaux ont joué un grand rôle dans la sauvegarde de l'éléphant d'Afrique. Aujourd'hui, il arrive même que l'espèce, devenue trop nombreuse, dégrade la végétation des parcs. Il faut alors abattre des éléphants pour éviter une surpopulation néfaste.

Sauvegarde réussie

Les parcs des Andes, en Amérique du Sud, ont permis de sauver la vigogne. Longtemps chassés pour leur peau laineuse, il ne restait plus, en 1965, que 6 000 de ces petits lamas sauvages. Aujourd'hui protégés, ils sont presque 100 000.

Les parcs et les hommes

Dans cette réserve de Madagascar, un guide attire devant des touristes un lémurien maki catta. Les réserves fournissent du travail à la population locale pour pallier la perte des zones traditionnelles de chasse ou d'agriculture. Les défenseurs de l'environnement cherchent en effet à concilier les droits des animaux avec les intérêts des communautés locales.

Il existe environ **50 000 réserves** et **parcs** dans le **monde**

rde animalier rrive qu'un trebandier se onvertisse et gne sa vie en mettant au vice de la ne dans une erve.

❝ J'habite Cape Town, en Afrique du Sud. La semaine dernière, j'ai visité le parc national de Pilanesburg. Nous avons vu des impalas, des gnous, des oiseaux et des antilopes. Soudain un éléphant a surgi devant nous : il mangeait et faisait tomber des arbres, sans nous remarquer. Je n'oublierai jamais ce gros animal gris. Nous avons aussi observé aux jumelles des hippopotames qui jouaient dans l'eau. J'ai passé une journée formidable à Pilanesburg, et je pense qu'on devrait tous s'occuper de la protection des animaux afin que d'autres, à l'avenir, aient autant de plaisir que moi. ❞ *Maya Schkolne*

Mesures extrêmes

Des gardes armés, comme celui-ci au Kenya, patrouillent dans certains parcs pour protéger les animaux contre des trafiquants ou des chasseurs. Des mesures aussi extrêmes montrent bien le degré de tension qui existe entre défenseurs de l'environnement et opposants. Parfois, en effet, des villages entiers ont été déplacés pour créer un parc, d'où le ressentiment des villageois.

Vivre à l'abri
La plupart des éléphants d'Afrique vivent dans des parcs nationaux, comme celui du Serengeti, en Tanzanie.

La réserve de **Pulau Ubin**, à Singapour, a permis de **sauver** la **chauve-souris frugivore**

MICHELLE JAMISON
CONSERVATEUR D'ANIMAUX RARES

MICHELLE JAMISON CONSACRE SES JOURNÉES À SOIGNER LES ANIMAUX RARES DU ZOO DE PHILADELPHIE, AUX ÉTATS-UNIS. QUAND ELLE NE LES NOURRIT PAS, NE nettoie pas leurs enclos ou ne les distrait pas, elle parle avec les visiteurs et leur explique tout ce qu'ils veulent savoir sur les animaux et leur conservation.

Comme dans la nature
La profusion d'arbres et d'espaces verts dans le zoo crée un coin de nature où les visiteurs et les animaux se sentent bien.

Une journée avec un
CONSERVATEUR D'ANIMAUX RARES

La conservation d'animaux rares dans un zoo permet de lever des fonds destinés à la préservation de la vie sauvage.

Travailler ensemble
Le zoo de Philadelphie, dans l'État de Pennsylvanie (États-Unis), participe aux programmes de reproduction mis en place dans les zoos d'Amérique du Nord.

Aujourd'hui, Michelle se consacre aux besoins de chaque animal dont elle a la charge. Garder un animal captif en bonne santé et heureux demande beaucoup de travail.

7h45 La matinée débute par une réunion entre vétérinaires et conservateurs. On discute des événements de la veille, des naissances et décès survenus chez les animaux et de tout ce qui concerne la vie du zoo. J'apprends ainsi qu'une panthère de l'Amour est née dans l'enclos des félins. Les conservateurs concernés surveillent le nouveau-né à l'aide d'une caméra dissimulée dans la tanière de la mère.

8h30 C'est l'heure de vérifier que tout va bien pour mes protégés. Je suis responsable de deux petits pandas (Sparkler et son fils Maudin), deux loutres géantes mâles (Banjo et Rio), deux panthères des neiges (Du, une femelle, et Athos, un mâle) et de trois coatis, sortes de ratons laveurs d'Amérique du Sud (Ira et Myra, les mâles, et Issy, la femelle).

Gantelets de cuir

Truite

Un habitat montagneux
À l'état sauvage, la panthère des neiges ne se rencontre que dans les montagnes d'Asie centrale.

9h00 Je nettoie l'enclos des animaux. Je mets de l'eau à leur disposition et quelques jeux pour les amuser car ils ne doivent surtout pas s'ennuyer. À l'état sauvage, les animaux passent leur temps à chasser, se nourrir, se reproduire et s'abriter. Dans un [z]o, tout leur est fourni, il faut [d]onc les occuper avec autre [ch]ose. Je donne aux coatis des [sa]cs remplis de foin où sont [ca]chés des grains de raisin et [de]s criquets. Quant aux panthères [de]s neiges, elles adorent déchirer [de]s annuaires téléphoniques et [fa]ire leurs griffes sur des bûches [à] l'odeur attirante. Des objets [en] caoutchouc et des ballons [oc]cupent les loutres. Le petit [p]anda, lui, aime jouer des heures [av]ec un ballon ou mâcher des [p]ousses de bambou et du bois [à] l'odeur fruitée.

[L]a survie des loutres
[G]arder en captivité des loutres géantes [n]ous donne souvent l'occasion de parler [av]ec les visiteurs de leur survie dans la [n]ature et d'obtenir un soutien pour leur [pr]otection.

[1]0h30 Je donne aux loutres leur premier repas de la [jo]urnée : une truite chacune, gavée [d]e vitamines. Dans la nature, la [l]outre géante d'Amérique du Sud [s]e nourrit presque exclusivement [d]e poissons. Parfois, elle s'attaque [à] de gros serpents ou autres [r]eptiles. Ses dents très aiguisées [l]ui permettent de saisir sa proie. [L]orsque je les examine ou les [n]ourris, je porte des gantelets [de] protection en cuir.

11h00 Il faut maintenant que je mette la panthère des neiges mâle dans l'enclos. Il y restera une partie de la journée. Comme le mâle et la femelle ne s'entendent pas très bien, je les place dans l'enclos à tour de rôle. Du et Athos peuvent ainsi se voir, s'entendre et se sentir à travers la porte de leur tanière. Peut-être finiront-ils par se lier d'amitié ? Comme la plupart des panthères des neiges des zoos d'Amérique du Nord, les nôtres font partie d'un programme de protection, le Plan de survie des espèces (SSP). Le coordinateur du programme qui connaît les liens de parenté entre panthères décide des accouplements. Ainsi est-on assuré qu'il n'y a pas de consanguinité et que les zoos peuvent accueillir les nouveau-nés. Pour l'instant, nos deux panthères ne sont pas censées se reproduire. Mais la conservation, ce n'est pas seulement la reproduction. Les zoos accueillent tout félin faisant partie du programme de gestion des espèces du SSP.

11h30 Je pousse les coatis à apparaître devant les visiteurs. J'ai du mal, car la température extérieure ne semble pas leur convenir. Peu enclins à mettre le nez dehors, ils s'accrochent aux hamacs disposés dans leur tanière. En Amérique du Sud, leur région d'origine, le climat est chaud toute l'année et ils n'apprécient pas beaucoup quand il fait froid à Philadelphie. Je lâche les loutres devant les visiteurs. Elles sont les plus précieuses des animaux menacés dont je m'occupe et sont très sensibles aux changements qualitatifs de l'eau. La pollution aquatique et la surpêche dont elles ont fait l'objet pour leur fourrure sont responsables de leur rareté. Aussi, je m'assure que la qualité de leur eau est parfaite. J'en profite pour leur donner un deuxième repas : un peu plus de poissons. Les nourrir peu mais souvent, c'est le secret pour empêcher que ces animaux en captivité ne soient

La vie en hauteur
Avec leur longue queue souple et leurs pattes puissantes, les coatis sont faits pour grimper aux arbres. Leur enclos regorge d'arbres et de branchages.

> " **Pour sauver les animaux menacés par la perte de leur habitat, on doit les élever en captivité et informer le public.** "

trop nerveux. Pendant que je les alimente, une caméra tourne. Il s'agit d'un essai de vidéo éducative sur le zoo qui permettra aux élèves de se connecter par Internet au site du zoo et d'accéder aux projets de conservation. Après les loutres, vient le tour des petits pandas. Je leur donne des pousses de bambou frais, leur nourriture préférée, et un mélange riche en vitamines qui les aidera à être en forme.

12h30 Je change de place les panthères des neiges. La femelle Du peut à son tour faire un peu d'exercice à l'air frais et profiter du paysage.

15h00 Je nettoie les abris des animaux et y dépose des jouets pour les occuper toute la nuit. Puis, je les fais rentrer par un dédale de tunnels et de portes, en prenant soin de ne pas libérer un animal par mégarde ou de l'enfermer dans un abri qui n'est pas le sien.

Les coatis possèdent des griffes puissantes et un museau allongé avec lesquels il fouillent à la recherche de fruits et d'insectes.

Je vérifie les fermetures et m'assure que les panneaux clignotants indiquent « enclos déserts ».

17h30 Enfin, je peux m'atteler à mon rapport sur la journée écoulée. Je le lirai demain à la réunion des conservateurs. Les discussions nous aident à comprendre les besoins des espèces rares dont je m'occupe.

Repas ludique
Michelle fait de chaque repas un moment ludique afin que les petits pandas ne s'ennuient pas.

ZOO
POUR OU CONTRE ?

Panda en cage ?

Les spécialistes ne sont pas d'accord sur le fait de mettre ou non le panda géant en cage. Cet animal si populaire a autrefois été arraché à son habitat naturel pour répondre à la demande des zoos, tant et si bien que l'espèce risque de s'éteindre. Du coup, la reproduction en captivité semble le seul moyen de sauver celle-ci, même si les chances de réussite sont minces.

Depuis l'Antiquité, il existe des lieux où sont présentés des animaux en captivité. Ces zoos sont aujourd'hui plus de 10 000 dans le monde. Pendant de nombreuses années, les amis des animaux et les défenseurs de l'environnement se sont battus pour que les conditions de captivité soient acceptables. De nombreux progrès ont été faits mais, malheureusement, il existe toujours des zoos où les animaux connaissent des conditions de vie révoltantes. Actuellement, un débat houleux s'est engagé : pour ou contre les zoos ?

TOI AUSSI
AMÉLIORE LES ZOOS

Contacte une association qui œuvre pour l'amélioration des conditions de vie dans les zoos et participe à ses actions.

Adopte un animal de zoo : en échange d'une contrepartie financière pour son entretien, tu apprendras à le connaître.

Plus de **20 espèces animales** doivent leur **survie** à la **conservation** en **captivité**

Nouveaux zoos

Dans les vieux zoos, le gorille est encore souvent enfermé dans une cage au plancher en béton et aux barreaux d'acier. Les zoos modernes offrent, eux, des espaces plus naturels et plus spacieux – arbres pour grimper, abris pour se cacher –, et les gros animaux, tel le rhinocéros, peuvent vivre en groupe et avoir un comportement proche de celui qu'ils auraient en liberté.

Rhinocéros en vadrouille
Dans les vastes enclos semi-naturels du parc zoologique de San Diego, aux États-Unis, les rhinocéros peuvent aller et venir à leur guise.

Éducation ou divertissement ?

Il fut un temps où, dans les zoos, on déguisait les chimpanzés et on les faisait parader pour la plus grande joie du public. De nos jours, l'éducation passe avant le divertissement. Le visiteur est informé sur la vie des animaux en captivité ainsi que sur leur comportement à l'état sauvage.

« Notre avenir passe par la préservation des autres êtres vivants. »

ZOOCHECK

Sauvé par les zoos

Le cheval sauvage de Przewalski, un ancêtre du cheval domestique, aurait disparu de la planète depuis longtemps si des troupeaux n'avaient été réservés dans des zoos d'Europe et des États-Unis. En 1968, l'espèce sauvage s'est effectivement éteinte, mais un troupeau a pu être reconstitué en captivité plusieurs décennies après. Depuis, l'espèce s'est perpétuée sur 4 générations. Certains chevaux ont même été relâchés dans des régions sauvages d'Europe de l'Ouest. De nos jours, la population totale avoisine les 2 000 bêtes.

L'HABITAT DES CLOPORTES

EXPÉRIENCE

Il te faut : 1 vieille boîte à chaussures, des ciseaux, des gants de protection, des feuilles et de la terre humides, du coton hydrophile, une dizaine de cloportes (cherche-les sous les pierres, les pots de fleurs et les feuilles mortes).

1 DÉCOUPE le couvercle de la boîte à chaussures en deux. D'un côté, empile quelques feuilles humides mélangées à de la terre, et de l'autre mets du coton hydrophile.

2 DÉPOSE doucement les cloportes au centre de la boîte. Place la moitié du couvercle au-dessus des feuilles et de la terre.

En quelques secondes, les cloportes changent d'endroit.

3 RANGE la boîte dans un endroit éclairé et observe les cloportes. Ils vont vite se cacher sous le couvercle, dans l'humidité, ignorant le coton et la lumière.

Conclusion : les animaux recherchent les conditions qui leur rappellent leur milieu naturel. Ainsi les cloportes préfèrent de beaucoup les endroits sombres et humides à la lumière et à la sécheresse. Quand l'expérience est terminée, n'oublie pas de remettre les cloportes là où tu les as trouvés.

Le rôle des zoos

Grâce aux zoos de San Diego et de Los Angeles, aux États-Unis, qui ont permis l'élevage d'oiseaux en captivité et leur réintroduction dans la nature, le condor de Californie vole de nouveau librement. Il n'existait plus à l'état sauvage, à cause de la collecte de ses œufs et de son empoisonnement par les pesticides. Les zoos du monde entier jouent un grand rôle dans la conservation des espèces menacées.

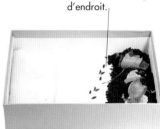

Des adresses pour agir

SI L'AVENIR DES ANIMAUX SAUVAGES TE PRÉOCCUPE et si tu veux en savoir plus pour leur sauvegarde, adresse-toi à des organismes spécialisés. Ils répondront à toutes tes questions et, qui sait, peut-être pourras-tu, toi aussi, participer à une action locale. La liste qui suit te donne des adresses d'associations ou d'organismes québécois ou étrangers avec leur site internet.

Sur la trace des ours…
Tu trouveras ici tout ce qu'il faut savoir sur les trois ours les plus présents dans le monde : l'ours polaire, l'ours noir d'Amérique et l'ours brun…
Pour accroître tes connaissance sur ce merveilleux animal ou tout simplement pour te divertir tout en apprenant, ce site te fournira informations, images, liens et autres diverses sections.

http://www.multimania.com/opqrstuvw

Le Musée canadien de la nature
C'est beaucoup plus qu'un musée d'histoire naturelle qui conçoit et qui monte des expositions pour le public. Derrière cette image publique se profile une organisation dynamique et diversifiée, composée de chercheurs, de spécialistes des collections, d'éducateurs, d'experts en productions multimédias et d'innovateurs.

http://nature.ca/nature_f.cfm

Braconnage
Le commerce illégal des espèces de la faune et de la flore pénalise considérablement les pays africains disposant d'énormes ressources naturelles. Plusieurs spécimens de la faune et de la flore africaines sont illégalement vendus sur les marchés internationaux où ils rapportent des millions de dollars.

http://www.multimania.com/braconnage

Exploitation
Sous le couvert d'arguments ridicules et erronés, des milliers d'animaux sont massacrés chaque année pour leur fourrure : le Canada et la Norvège autorisent et subventionnent un quota annuel de phoques pour soi-disant contrer la «surpopulation» et l'appauvrissement des réserves de poissons. Alors que cela est dû à la pêche excessive exercée par l'homme!

http://solice.multimania.com/exploitations.htm

La chasse au phoques
La majorité des gens s'intéressant aux phoques et à la chasse aux phoques sont d'accord pour dire que la chasse présente de réels problèmes. Les opinions varient toutefois quand à la gravité des questions soulevées et aux solutions à apporter. En résumé, l'industrie de la chasse au phoque croit qu'il est possible de faire cesser les abus survenant durant la chasse en offrant une meilleure formation et en apportant quelques changements aux règlements régissant la chasse.

http://chasseauphoque.ca/shifr.html

Le Centre de conservation de la faune ailée
Fondé en 1981 lors de l'aménagement d'un pavillon ornithologique à Terre des Hommes, le Centre de conservation de la faune ailée de Montréal s'est transformé au point de devenir aujourd'hui le principal distributeur canadien de matériel de sciences naturelles. Il se consacre entre autres à la distribution de livres, d'enregistrements, de mangeoires, de grains, de jumelles…

50 de Marseille
ntréal (Québec) H1L 1N7
p://pages.infinit.net/ccfa/index.htm

Club des ornithologues de Québec

)Q a pour objectifs de faire connaître
le protéger la faune ailée, et de
vailler à la protection de ses habitats.
r divers moyens, il veut sensibiliser la
pulation à la découverte et à la
otection des oiseaux. Activités et cours
nitiation sont offerts.

b des ornithologues de Québec inc.
maine de Maizerets
00 boul. Montmorency
ébec (Québec) G1J 5E7

p://www.coq.qc.ca

s oiseaux du Québec

e liste présente les meilleurs sites pour
server les oiseaux au Québec.Près de
0 sites ont été répertoriés.

p://www.oiseauxqc.org

s oiseaux menacés au Québec

présent site Internet offre des
formations pour chacune des espèces
i sont considérées en péril. Il y est
estion de leur problématique, de leur
ondance et de leur répartition.

p://www.qc.ec.gc.ca/faune/
eaux_menaces/oiseaux_menaces.html

Service canadien de la faune

CF, une composante d'Environnement
nada, s'occupe des questions
uniques relevant du gouvernement
déral. Ses responsabilités incluent la
otection et la gestion des oiseaux
igrateurs et des habitats d'importance
tionale, les espèces menacées de

disparition et les travaux sur les
questions fauniques ayant une portée
nationale et internationale.

http://www.qc.ec.gc.ca/faune/faune/tml/
contenu.html

Priorité environnementale - la nature

Au Canada, comme ailleurs dans le
monde, les espèces disparaissent à un
rythme alarmant. Chez nous, plus de 300
d'entre elles sont menacées. Les
scientifiques nous disent que la perte des
espèces est principalement due à la
destruction des habitats, c'est-à-dire la
superficie et les éléments naturels dont
elles ont besoin pour survivre. Les
rapports sont clairs: sans habitats, il n'y a
pas d'espèces. Le déclin des espèces et de
leurs habitats est inacceptable, et nous
devons réagir.

http://www.ec.gc.ca/envpriorities/nature_f.htm

Le Service canadien de la faune d'Environnement Canada

SCF contribue à la conservation et à la
protection de l'environnement canadien et
mondial par des programmes destinés aux
espèces sauvages, particulièrement aux
oiseaux migrateurs, et à leurs habitats.

http://www.cws-scf.ec.gc.ca

Nature

Bienvenue sur le site Web «Les enfants
des Grands Lacs». Nous te proposons des
jeux, des casse-tête et un questionnaire
sur les Grands Lacs en compagnie du
professeur Grenouille.

http://www.on.ec.gc.ca/greatlakeskids/
glk-home-f.html

Espèces en péril au Canada

La Grue blanche symbolise une espèce qui
était presque disparue et que l'on a aidée
à se rétablir. La Stratégie canadienne pour
la protection des espèces en péril
empêchera la disparition d'autres espèces
et assurera leur rétablissement.

http://www.especesenperil.gc.ca/eep

Commerce international des espèces menacées

Règlements sur l'importation,
l'exportation et le transport des espèces
menacées d'extinction. Évite de
contribuer au commerce illégal des
espèces menacées d'extinction. Nombre
d'espèces d'animaux et de plantes sont
en péril, du fait d'une chasse et d'une
exploitation commerciale excessives.

http://www.on.ec.gc.ca/green-lane/wildlife/
endanger/inter-trade/inter-f.html

Environnement Canada

Environnement Canada et le Fonds
mondial pour la nature Canada rendent
publique la liste des projets du Fonds de
rétablissement des espèces canadiennes en
péril.

http://www.ec.gc.ca/press/esrf98_n_f.htm

La SPCA canadienne

C'est un organisme à but non-lucratif
fondé il y a 130 ans, voué à la prévention
de la cruauté envers les animaux. Notre
organisme est actif dans l'investigation et
dans les poursuites contre les mauvais
traitements envers les animaux. Notre
but est d'éduquer la communauté sur la
façon de bien traiter les animaux.

http://www.spca.com/francais/index.html

Greenpeace Canada

Depuis sa création en 1971, Greenpeace
fonde sa philosophie et son intervention
sur le principe de la lutte pacifique
contre la dégradation de l'environnement
et l'injustice.
Ces 28 dernières années, les campagnes
de Greenpeace ont conduit à
d'importants changements
environnementaux, voire même à
l'élimination de certains problèmes.

250, rue Dundas Ouest, bureau 605
Toronto (Ontario) M5T 2Z5
Téléphone: (416) 597-8408 ou
1-800-320-7183
Télécopieur: (416) 597-8422

http://www.greenpeacecanada.org

Index

A

addax 42
alligators 39, 46
araignées
  - dolomède 19
  - mygale du Mexique
    à pattes rouges 40
autruches, élevage 33

B

baguage 16
bandicoot-lapin 29
barrages 14, 15
bison 33, 53
blaireaux 20, 25

C

cerf à queue blanche 16
chasse 32-33, 40-41, 42-43
cheval de Przewalski 57
chiens 29
chimpanzés 57
chinchillas 36
CITES 37, 38
climat 26-27
coati 54, 55
conservation 50, 54
Convention sur le commerce
international des espèces menacées
(voir CITES)
coléoptères
  - bousier africain 19
  - cerf-volant 26
contrebande 41
coquillages 34
cours d'eau 14-15
croisement génétique 29
crapaud orange 45

D

déchets 23
déforestation 20

E

échelles pour poissons 15
écureuil roux 20
éléphants d'Afrique 51
escargots 28, 47
espèces animales 8, 18
  - introduites 28, 29
  - menacées 44-57
  - réintroduites 52
expériences
  - déchets à longue vie 23
  - escargots sous contrôle 47
  - étudier des vers de terre 19
  - le monde des cloportes 57
  - une fourrure trop chaude 27
extinctions 28, 45

F - G

filets dérivants 35
forêts tropicales 20-21
fourmilier *(voir tamanoir)*
fourrures 31, 36, 37
globicéphales noirs 33

H - I

hermine 28
hévéa 21
hippocampes 47
iguane-rhinocéros 29
insectes 18-19
ivoire 38, 39

J

journée avec un (e)
  - conservateur d'animaux
    rares 54-55
  - responsable des zones
    humides 16-17
  - inspecteur des douanes 38-39
  - spécialiste des koalas 48-49
  - vétérinaire d'animaux
    sauvages 24-25

K

kakapo 29
koalas 48-49
krill 46

L

léopard des neiges
(voir panthère des neiges)
libellule empereur 19
Liste Rouge 46
loups
  - loup gris 45
  - loup d'Abyssinie 29
loutres 24, 25, 54, 55
lycaons 13

M

marée noire 22
microvie 18-19
migration 16, 17, 43
moustiques 27

N

nucléaire
  - accident de Tchernobyl 23

O

œufs
  - oiseaux 22
  - tortues 33
oiseaux
  - aigle pêcheur ou balbuzard 13
  - aigle royal 37
  - aras 14, 41
  - bécasse des bois 16
  - bondrée apivore 43
  - buse 25
  - chouettes 12, 25
  - condor de Californie 57
  - cygnès 25
  - diamant de Gould 40
  - épervier d'Europe 22
  - faucon crécerelle 25
  - goura de Victoria 32
  - grue blanche du Japon 43
  - macareux 35
  - oie empereur 26
  - pygargue à tête blanche 22
  - tétras-lyre 20
orangs-outans 21, 41
oryx d'Arabie 53
ours
  - noirs 12, 36
  - polaires 26, 27

P

pandas
  - géants 56
  - petits 54, 55
panthère des neiges 46, 54, 55
papillons
  - cuivré des marais 15
  - monarques 17
  - nacrés 19
  - ornithoptères 41
  - tinéide 18
parcs 52-53

pêche 34-35
  - à la dynamite 34, 35
  - loisir 43
  - patrouilles 35
pesticides 22
phalanger de Leadbeater 21
phoque annelé 27
poison 22
poissons 15, 34-35
  - équilles 35
  - esturgeon 15
  - gobie des marais 15
  - limande-sole 27
  - maquereau 34
  - pirarucu 34
pollinisation 18
pollution 22-23
prédateurs 13, 22, 28
produits d'origine animale 31, 37
proies 13, 22
putois à pattes noires 52

R

radiation 23
rat noir 28
réchauffement climatique 26
renards 24, 28, 37
rennes 23
reproduction 29, 56
  - en captivité 47, 52, 53
réserves 52-53
rhinocéros 38, 53, 56

S

safari 42
serpents
  - boas des sables 39
  - *Hoplocephalus bungaroides* 13
  - pythons 39, 41
  - vipères 47
singes
  - douc ou singe d'Indochine 46
  - petit singe-lion 52
surpêche 34, 35

T

taillis 19
tamanoir 11
tapir d'Inde 46
tigres 31, 36
toi aussi !
  - achète écolo 36
  - agis (cours d'eau
    et zones humides) 15
  - agis pour la vie sauvage 32
  - aide les animaux 13
  - aide les insectes 18
  - améliore les zoos 56
  - économise l'énergie 26
  - prends soin de ton animal 41
  - protège les poissons 35
  - sauve des espèces 52
  - sauve des habitats 50
  - sauve les arbres 21
tortues
  - tortue caret ou caouanne 17
  - tortue fluviale ou batagur 33
tuatara 52

V

venin 47
vers de terre 19
vigogne 50

Y - Z

yucca 18
zones humides 14-15, 19
zoos 54-55, 56-57

Dorling Kindersley remercie

Hettie Gets du WWF Afrique du Sud, Lynn Bresler
pour l'index.
Steve Gorton pour les photographies des expériences
et Emily Gorton pour avoir posé.

*Remerciements particuliers aux spécialistes des
chapitres « Une journée avec » et leurs organisations :*
Michael Mitchell (responsable des zones humides),
Andrew Routh (vétérinaire), Tim Luffman (inspecteur
des douanes), Audrey Koosmen (spécialiste des koalas
Michelle Jamison (conservateur d'animaux rares).

Photographies supplémentaires : Jane Burton,
Andy Crawford, Philip Dowell, Frank Greenaway,
Colin Keates, Dave King, Liz McAulay, Roger Philipps
Karl Shore, Harry Taylor, Kim Taylor, Jerry Young.